KB043384

이재명에게 보내는
정조의 편지

이재명에게 보내는
정조의 편지

| 억강부약과 대동세상을 위하여 |

김준혁 지음

더봄

이재명에게 보내는
정조의 편지

제1판 1쇄 발행   2021년 08월 30일
제1판 2쇄 발행   2021년 09월 15일

지은이   김준혁
펴낸이   김덕문

책임편집   손미정
디자인   블랙페퍼디자인
마케팅   이종률
제작   백상종

펴낸곳   더봄
등록일   2015년 4월 20일
주소   서울시 노원구 화랑로51길 78, 507동 1208호
대표전화   02-975-8007 ‖ 팩스 02-975-8006
전자우편   thebom21@naver.com
블로그   blog.naver.com/thebom21

ⓒ 김준혁, 2021

ISBN 979-11-88522-94-1 03340

물은 백성이요, 달은 곧 군주이다.

천 개의 천이든, 만개의 천이든 달빛을 고루 비추는 것은

군주가 해야 할 당연한 일이다.

강한 자에게는 많이 비추고, 약한 자에게는 적게 비춘다면

그것은 군주의 달빛이 아니다.

국가 지도자의 달빛은 모든 이들에게

골고루 비추어야 하는 것이다.

차례

들어가는 글

억강부약의 시대를 위하여

억강부약抑强扶弱!

특권과 반칙에 기반한 강자의 욕망을 누르고 약자의 삶을 보듬어 주어 안정되게 살아가게 한다. 억강부약!

내 마음속 깊이 너무도 하고 싶었던 그 말. 억강부약!

2021년 7월 1일, 나는 하늘에서 이 말을 들었다.

억강부약을 하려고 평생 온갖 노력을 다하다가 끝내 그 꿈을 이루지 못하고 쓰러진 지 221년 만에 나는 다시 그 말을 들었다.

아! 눈물이 모두 말라버린 줄 알았는데, 나도 모르게 눈물이 흐른다.

억강부약. 이미 사라진 줄 알았던 말이 다시 이 세상에 당당하게 등장했으니, 놀라움과 기쁨 그리고 환희로 나는 눈물을 흘리지 않을 수가 없었다.

나는 그대의 이름을 부른다.

억강부약을 세상에 다시 드러낸 그대의 이름을 나는 한 글자, 한 글자 또박또박 부른다.

이재명!

그대는 어떻게 이 말을 세상에 다시 드러내었는가?

우리 역사는 억강부약을 위해 노력하는 이들과 억강부약을 막으려는 자들의 대결이었다.

묘청은 억강부약을 위해 서경으로 터전을 옮겼고, 최충헌의 노비 만적은 송악산에서 낫을 들었다.

정여립은 억강부약을 내세우며 대동세상을 꿈꾸었고, 장길산은 줄타기를 멈추고 칼을 들었다,

그러나 우리 역사에서 억강부약을 위해 목숨을 건 이들 중 누구 하나 살아 남은 이들이 없었다. 그들이 가진 혁명의 영혼은 저 권력의 칼날에 힘없이 쓰러지고 말았다. 아! 그만큼 억강

부약은 이루지 못한 미완의 명제였다.

나는 조선의 최고 지배자인 국왕이었다. 하지만 억강부약을 꿈꾸었다. 일국의 국왕이 억강부약을 하겠다니, 이 얼마나 해괴한 일인가? 그러나 모순을 바로잡고 백성의 삶을 지켜주기 위해 억강부약을 하지 않으면 안 되는 시대에 나는 살았다. 그것은 나의 운명이기도 했다.

내가 살던 시대는 강자들의 시대였다. 가난하고 소외된 이들은 결코 대우 받을 수 없는 시대. 권력을 가진 자들에 의해 나라가 움직이는 시대. 돈 있는 자들이 권세 있는 자들과 결탁하여 이익을 얻는 시대.

나는 더 이상 그런 시대를 방관할 수 없었다. 장차 조선의 왕이 될 세자인 나의 아버지도 서슴없이 해치는 강자들의 시대였다. 그것이 내가 살던 시대였다.

조선의 왕인 나마저 강한 자들에 의해 위축되고 그들의 손아귀에 붙잡힌 인형 같은 처지였으니, 백성들의 삶이 어떠하였을지는 말하지 않아도 알 수 있지 않은가.

그러나 나는 강한 자들의 손아귀에 갇혀 조종당하는 삶을 거부했다. 내 아버지가 저들의 권력에 대항하다 처참하게 죽은 것을 너무도 잘 알고 있었다. 그저 조용히 입을 다물고 눈을 감으면 화려한 비단 옷에 진귀한 음식을 먹으며, 아리따운 여인들의 치마폭에서 온갖 쾌락을 즐기며 살아갈 수 있었다. 그러나 나는 그러한 삶을 거부했다.

내가 나에게 주어진 안락함을 거부한 이유는 바로 백성과 나라 때문이었다. 백성과 나라는 나의 전부였다. 백성이 진정 주인인 나라를 만들기 위해 나는 억강부약을 가로막는 이들과의 전쟁을 선포하고자 했다.

나는 국왕으로서 '만천명월주인옹'萬川明月主人翁이란 호를 지었다. 만개의 천川과 밝은 달月의 주인이라는 말이다. 이 말을 오해하지 말라. 사람들은 내가 수많은 천과 달의 주인을 자처하는 만큼 오만하기 그지없다고 생각할지 모른다. 하지만 내가 그 호를 지은 것은 백성들의 무서움을 너무도 잘 알기 때문에, 백성을 위한 군주가 되기 위해 지은 것이다.

나는 물이 흘러가는 천과 하늘에 있는 달을 보며 깨달았다. 흘러가는 물 위에 떠 있는 달의 모습은 정치와 인생 그리고 세상의 진리를 보여주었다. 길고 긴 천이건 짧은 천이건 물이 흘러

이재명에게 보내는 정조의 편지

가면 달도 따라 흘러간다. 물이 멈추면 달도 멈춘다. 물이 고요하면 달도 고요하다. 그러나 물이 요동치면 달은 이지러진다. 달의 형체도 사라지는 것이다.

물은 백성이요, 달은 곧 군주이다. 천 개의 천이든, 만개의 천이든 달빛을 고루 비추는 것은 군주가 해야 할 당연한 일이다. 강한 자에게는 많이 비추고, 약한 자에게는 적게 비춘다면 그것은 군주의 달빛이 아니다. 국가 지도자의 달빛은 모든 이들에게 골고루 비추어야 하는 것이다.

그러나 우리 역사에서 군주의 달빛은 균등하지 않았다. 아니 균등하려는 마음조차 지닌 적이 없었다. 그러니 북악에서 내려와 청계천을 지나 한강으로 흘러간 천에는 더욱 많은 빛을 주고, 강원도 태백의 이름 모를 산골짜기에서 흘러내린 천에는 희미한 초승달의 빛을 비추었다. 그것이 역사였다. 기득권들의 역사였다.

나는 그것을 거부하고자 하였다. 나는 모든 천에 밝은 빛을 고루 비추는 달과 같은 군주가 되고자 했고, 나아가 물이 요동치면 찌그러져서 형체가 사라질 수도 있음을 아는 군주가 되고자 했다. 백성의 무서움을 아는 군주가 되고자 한 것이다.

그러나 현실의 백성들은 위선과 권위를 앞세운 기득권들에 의해 무참히 고통을 당하고 있다.

나라의 근간은 백성이다. 나라를 지키는 일도 백성이 하고, 나라를 운영하는 재정을 마련하는 것도 백성이 하고, 나라의 생업을 위한 노력도 백성이 한다. 하지만, 권력은 저들만이 가지고 있었다.

그로 인해 백성들이 겪은 참상은 어떠했던가.

군포 납부를 하지 않기 위해 바지춤을 내려 남근을 잘라야 했고, 가난 때문에 어린 자식을 산속에 버려야 했고, 외적과 싸우기 위해 무기도 없이 전쟁터에 나가야 했다. 그들의 희생으로 나라는 온전하게 유지되는데, 아무런 노력도 하지 않은 자들이 계속 권세와 영광을 누리고 있었다.

이 얼마나 불공정한 세상인가? 이 얼마나 비극인가?

그래서 나는 이를 바로 잡기 위해 억강부약을 강조했다.

나의 영명한 신하들도 억강부약을 이야기했다. 그리고 우리는 이를 위하여 제도를 만들어 억강부약을 정치와 사회 곳곳에 투영하여 백성의 나라를 새롭게 만들고자 했다.

불공정이 사라지고 특권이 없는 세상, 신분으로 인하여 차별받지 않는 세상, 차별 때문에 자신이 누릴 수 있는 권리를 보장

이재명에게 보내는 정조의 편지

받지 못하는 사회를 혁파하기 위하여 우리는 억강부약을 힘껏 내세웠다.

그러나 나와 나의 동지들의 힘은 저들의 힘을 이길 수 없었다. 억강부약을 내세우며 백성을 위한 정치를 하였음에도 불구하고 저들의 강고한 힘은 누를 수가 없었다. 저들은 자신들의 이익을 위하여 우리와 타협하는 척했다. 자기들이 가진 것을 조금 내려놓으며 우리가 억강부약을 성공시켰다고 착각하게 만들었다.

후세 사람들은 나의 시대가 개혁의 시대이고, 문예 부흥의 시대라고 이야기한다. 하지만, 나의 시대는 성공한 시대가 아니다. 내가 원했던 진정한 억강부약이 이루어지지 못했기 때문이다.

나는 조선의 모든 노비를 없애고 싶었다. 모든 사람들의 신분이 평등한 세상을 만들고 싶었다.

나는 할아버지 영조의 뜻처럼 조선의 모든 백성들이 양반과 평민을 막론하고 자신들이 가지고 있는 재산에 비례한 만큼의 세금을 내기를 바랐다.

그리고 나는 조선의 모든 백성들이 공평하게 군역의 의무를 다하기를 원했다.

그러나 저들은 신분과 지위를 이용하여 세금을 내지 않았고, 군대도 가지 않았다. 그들이 낸 토지의 세금은 정상적이지 않았고, 오히려 그들이 내야 할 세금마저도 모두 가난한 백성들에게 떠넘겼다.

그러고도 그들은 순천자順天者는 흥興하고 역천자逆天者는 망亡한다고 하며, 태연스럽게 윤리와 의리를 이야기했다. 예의와 도덕을 강조하면서 여인에 대한 차별을 아랑곳하지 않았고, 노비와 천민에 대한 잔혹한 처우도 부끄러워하지 않았다. 맹자가 말한 측은지심과 사양지심을 교활하게 혓바닥에 올렸지만 마음속에 자리 잡고 있는 것은 성인의 말씀이 아니었다.

그래서 나는 이를 바로잡기 위해 억강부약을 하고자 했다.

그러나 끝내 노련한 교활함과 강고한 힘을 가진 저들을 이겨내지 못하였다. 그것이 나의 한계였다.

그런데 내가 죽고 221년이 지나 억강부약을 하겠다는 인물이 나타났다.

바로 이재명 후보! 그대다.

나는 눈을 다시 뜨고 귀를 다시 열었다.

그리고 그대의 제20대 대한민국 대통령 출마 선언을 들었다.

나지막이, 조용하게 이야기하는 그대의 선언을 들으며, 나는 억강부약을 통해 새로운 백성의 나라를 만들고자 했던 나의 심

이재명에게 보내는 정조의 편지

장이 다시 뛰는 것을 느꼈다.

그대는 어떻게 이런 위대한 말을 가슴에 품었는가.

하지만 그대는 알아야 한다.

억강부약은 내세울 수는 있어도 실천하기는 어려운 것이다.

억강의 대상은 교활하고, 부약의 대상은 무지할 수도 있기 때문이다.

그러나, 나의 시대와 그대의 시대는 다르다.

나의 시대에 부약의 대상인 백성들은 약하고 무지하였지만, 이제 그대의 시대에 부약의 대상인 국민들은 유능하고 똑똑하다.

그러니 그대는 국민의 힘을 믿고 황소가 뚜벅뚜벅 한 걸음씩 내딛듯 억강부약이 실현되는 세상을 위해 한 발, 한 발 힘있게 나아가라.

강력한 지도력으로 저들의 저항을 뚫고 나가야 한다.

이에 그대를 위해, 내가 실천했던 일들을 이야기해 주고자 한다.

성공의 기쁨을 말할 것이고, 좌절의 아픔도 털어놓을 것이다.

이러한 나의 역사적 경험을 토대로 그대가 이루고자 하는 억강부약의 시대를 만들어 가도록 하라.

그러면 어느 순간 국민이 진정으로 주인이 되는 민주주의의 나라,

청년들이 자신이 원하는 일을 할 수 있는 창의의 나라,

여성들이 차별받지 않고 당당하게 자신의 일을 하는 평등의 나라,

분단의 아픔을 극복하고 남과 북이 하나가 되어 덩실덩실 춤을 추는 화해의 나라,

경제가 발전되어 세계를 이끌어 가는 풍요로운 나라,

백범 김구 선생이 꿈꾼 문화가 융성하고 성숙된 나라……

이 모든 나라가 만들어질 것이다.

그러니 그대는 억강부약의 정신과 실천을 가슴에 깊이 새겨라.

그대를 통해 김대중도 노무현도 이루지 못한, 문재인이 고군분투하고 있는 더 큰 민주주의와 평등의 세상, 화해와 협력의 세상을 만들도록 하라.

그것이 내가 꿈꾼 세상이고, 그대와 국민이 원하는 세상이다.

그대의 힘과 의지를 기대한다.

만천명월주인옹!

이재명에게 보내는 정조의 편지

1

고통스러웠던 어린 시절

사람들은 나를 부러워할 것이다. 내가 조선의 왕가에서 태어나고 자랐기 때문이다. 그래서 아무런 어려움 없이 행복하고 풍요롭게 자랐으리라 생각할 것이다. 물론 그 말이 전혀 틀린 것은 아니다. 조선에서 국왕의 손자, 왕세자의 아들이라는 위치는 엄청난 복이 아닐 수 없다. 게다가 나처럼 귀하게 태어난 사람이 우리 역사에서 얼마나 되겠는가? 하지만, 나처럼 크나큰 고통을 겪은 사람 또한 우리 역사에서 그리 많지는 않을 것이다.

그대는 가난한 집안에서 태어나 어려서부터 힘든 삶을 살았던 것으로 알고 있다. 그래서 그런 그대에게 나의 어린 시절 고통스러운 삶을 이야기하자니 아주 묘한 동질감을 느낀다. 나는 이처럼 엄청난 고통을 겪으며 성장한 우리들이기에 역사에 새겨질 뚜렷한 업적을 남길 수 있다는 자부심을 가져도 좋다고 생각한다. 이제 그대에게 나의 삶을 들려주고 도움이 될 만한 이야기를 하고자 한다.

내 할아버지 영조는 매우 독특한 분이었다. 할아버지의 어머니는 매우 미천한 신분이어서 호사가들의 입에 오르내렸다. 즉 증조할머니 숙빈 최씨에 대해 이러저러한 소문이 떠돌았다. 궁중에서 사용하는 물을 길어 나르는 무수리 출신이었다고도 하고, 바느질을 하는 궁녀였다고도 하고, 광산 김씨 집안에서 일하는 여종이었다는 말도 있다.

그러나 가장 정확한 것은 할아버지 영조께서 하신 말씀이다. 할아버지는 증조할머니가 바느질을 하는 궁녀여서 오른손 엄지손가락과 검지손가락에 굳은살이 박여 있었다고 했다. 특히 궁녀 시절 누비옷 짓는 것이 제일 힘들었다고 하셔서 할아버지는 성인이 된 후로는 누비옷을 절대 입지 않았다.

이런 여러 정황으로 볼 때 증조할머니인 숙빈 최씨는 궁녀로 들어와 바느질을 하는 침방나인이 되었다가 증조할아버지인 숙종대왕을 만나 후궁이 되었던 것 같다. 그런데 증조할머니가 미천한 궁녀 출신이다 보니 양반 사대부들은 은근히 할아버지 영조를 우습게 여겼던 것 같다. 보통 후궁들은 명문 사대부 집안 출신이었는데, 나의 숙빈 할머니는 전혀 그렇지 않았던 것이다. 그래서 할아버지는 늘 한미한 외갓집에 대한 아쉬움이 있었고, 자신의 어머니를 비웃는 신하들을 미워했다.

할아버지 영조는 신하들을 누르고 당당한 왕자로서, 나아가 조선의 진정한 국왕이 되기 위해 열심히 공부하고 노력했었다. 그러다가 조선의 왕이 되고 나서 한 궁녀와 사랑에 빠졌다. 그분이 바로 나의 아버지인 사도세자의 어머니 영빈 이씨였다.

영빈 할머니도 명문가 출신이 아니었다. 그러니 역시 시어머니 숙빈 할머니와 같은 대우를 받았다. 이런 어머니들을 둔 할아버지 영조와 아버지 사도세자는 태어날 때부터 출생으로 인한 차별과 고통을 받았다.

반면에 나는 세자의 아들이자 명문거족인 풍산 홍씨 집안을 외가로 두었다. 때문에 어느 누구도 나의 출생과 신분에 문제를 제기할 수 없었다. 좋은 두뇌까지 타고 난 나는 훌륭한 교육 환경 속에서 열심히 공부할 수 있었다.

그런데 문제는 나의 아버지와 할아버지의 관계가 좋지 않은 것이었다. 아버지는 선대 국왕이었던 효종대왕의 북벌론을 계승하고 싶어 했다. 반면 할아버지 영조는 대외관계를 어지럽히지 않고 조용히 국가의 안정된 발전을 이루기를 했다. 그러니 북벌을 주장하는 아버지가 못마땅했을 것이다. 할아버지가 나약한 군주라고 생각한 아버지는 자신의 뜻을 펼치기 위해 열심히 무예를 수련하고, 할아버지 몰래 평양에 있는 병영에 다녀오기도 했다. 이런 사실을 나중에 알게 된 할아버지의 분노로 두 분의 관계는 극도로 악화되었다.

아버지 사도세자는 15살 때 할아버지의 명령으로 국정을 대신 다스리는 대리청정을 하게 되었다. 그런데 이때부터 할아버지와 아버지의 갈등은 극도로 심해졌다. 아버지가 신하들과 회의를 통해 어떤 결정을 내리면 할아버지는 왜 자신과 상의하지 않고 멋대로 결정하느냐고 혼을 냈고, 아버지가 할아버지와 상의해서 결정을 하려고 하면 왜 그런 작은 일도 혼자 결정을 못하느냐고 화를 냈다. 그러니 아버지는 이러지도 저러지도 못하고 엄청난 고통을 겪었다.

여기에 더해 아버지는 기존의 명문거족들이 너무 큰 권력을 가지고 있고, 백성들을 수탈하면서 자신들의 이익에만 관심이 있다고 보았다. 그래서 그들이 가지고 있는 권한을 축소하는 법을 제정하려고 했다. 그러자 그들은 아버지를 모함하기 위해 거짓 소문을 퍼뜨렸다.

할아버지는 아들 사도세자에 대한 거짓 소문에 화가 나서 신하들이 모여 있는 자리에서 내 아버지에게 온갖 모욕을 주었다. 왕인 할아버지가 세자인 아버지를 본격적으로 미워하였기 때문에 나와 내 어머니(혜경궁)는 무척 난처한 처지가 되었다.

그런 과정 속에서도 할아버지는 손자인 나를 총애하였고 아들을 대신해 조선의 국왕으로 세우고자 하였다. 그러나 할아버지가 처음부터 나를 좋아하였던 것은 아니었다. 할아버지는 내가 처음 태어났을 때는 그리 좋아하는 내색을 내보이지 않았다. 나의 어머니 혜경궁께서 쓰신 《한중록》에는 이러한 내용이 자세히 실려 있다.

어머니가 나를 낳았을 때 할아버지는 어머니께 왕세손을 낳느라 고생했다는 말씀을 하지 않았다고 한다. 할아버지의 무관심에 어머니는 무척 서운했다고 하였다.

그런데 몇 달이 지나고 할아버지가 나를 찾아와 옷을 벗기고 등짝을 살피셨다. 그때 내 등에 있는 파란 점 3개를 보시고는 엄청나게 좋아하였다고 했다.

내가 태어나기 한 달 전에 딸인 화순옹주가 죽었는데, 화순옹주의 등에도 파란 점이 3개 있었다. 사랑하는 딸이 죽은 일로 속상해 있었기에 손자가 태어났어도 기쁘지 않았던 것이다. 그런 분이 갑자기 내 등에 파란색 점이 있다고 하니 죽었던 딸이 환생했다고 생각하신 것 같다.

그런 이유로 그때부터 할아버지는 손자인 나는 좋아하였다. 하지만, 내 아버지 사도세자와는 끝내 불화하였다.

할아버지는 선대 국왕의 왕릉을 참배하러 갈 때 아버지를 데리고 가지 않았다. 대신 나를 데리고 갔다. 그때마다 아버지는 내게 잘 다녀오라고 하시면서 함께 가지 못함을 무척 서운해 하였다. 그러니 할아버지를 따라 선대 국왕의 묘소로 향하는 내 발걸음이 얼마나 부담스러웠겠는가. 겉으로는 의젓하게 행동해 보였지만 속으로는 슬프기가 이루 말할 수 없었다. 말문이 트이고 사리분별을 할 줄 알게 된 다섯 살 때부터 줄곧 할아버지와 아버지의 갈등을 지켜보았으니 그것이 얼마나 힘든 일인지 사람들은 모를 것이다.

내가 어린 시절 겪은 가장 큰 고통은 바로 아버지의 죽음이었다. 아버지는 할아버지의 잘못된 판단으로 한여름에 뒤주에 갇히게 되었다. 그 해가 임오년, 1762년이다. 내가 이야기를 하고 있는 시점에서 보자면 259년 전이다. 그해 윤5월 13일에 뒤주에 갇혔다가 여드레째인 윤5월 21일에 돌아가셨다.

1762년 윤5월 13일은 양력으로 7월 4일이었다. 그러니 얼마나 더운 날이었겠나. 그렇게 더운 날 뒤주에 갇혀 여드레 동안 물 한 모금도 마시지 못하고, 한 톨의 쌀도 먹지 못한 채 고통 속에 살다가 끝내 돌아가시고 말았다.

아버지 사도세자가 뒤주에 들어가기 전, 나는 할아버지의 발목을 붙잡고 아버지를 살려달라고 애원을 했었다. 그러나 할아버지는 들은 척도 하지 않았다. 오히려 나를 궁중 밖으로 내쫓았다. 그래서 나는 아버지가 뒤주에 갇히는 모습은 보았지만 돌아가신 모습은 보지 못했다. 돌아가시고 난 후 연락을 받고 다시 궁으로 들어갈 때 내 마음은 천 갈래 만 갈래 찢겨졌다.

내가 이런 이야기를 하는 것은 왕세손으로 태어나 귀여움만 받고 행복하게만 산 것이 아니라는 이야기를 하고 싶어서다. 우리 역사 속의 왕 중에서 어린 시절 나만큼 고통을 받으며 산 사람도 흔치 않을 것이다. 한두 가지 사례를 더 이야기할 수 있다.

아버지가 돌아가시고 난 뒤 어머니는 나를 살리기 위해 생이별을 결정하였다. 아버지를 죽인 세력들이 나도 죽이려 할 것이라고 판단한 어머니는 가장 안전한 곳을 찾아 나를 보냈다. 그곳은 할아버지 영조대왕이 계시는 경희궁이었다.

원래 아버지와 어머니 그리고 나는 창덕궁에서 지냈고, 할아버지는 경희궁에 머물렀다. 만약 내가 창덕궁에 남아있었다면 아버지를 죽인 세력들이 나 역시 제거하려고 했을 것이었다. 어머니는 남편을 잃은 슬픔을 딛고 나를 할아버지가 계신 곳으로 보냈다. 나는 아버지를 죽인 할아버지 곁으로 가서 3년을 참고 또 참으며 지냈다.

동궁으로 있는 동안에도 나는 참으로 어려운 처지에 놓여 있었다. 궁녀와 내시들이 나를 감시하는 것은 당연한 일이었고, 수시로 나를 음해하거나 속마음을 떠보려고 했다. 어느 날은 내가 공부를 하다 잠깐 자리를 비운 사이에 책상 위에 나를 반드시 죽이겠다는 내용의 편지가 놓여 있기도 했었다,

나를 호위하는 군사들도 있고, 내시와 궁녀 그리고 동궁시강원의 스승님도 있는 자리인데, 어떻게 그런 편지가 버젓이 내 책상 위에 놓일 수 있었을까? 이는 모두가 한통속이었기 때문이다.

나는 훗날 조선의 국왕이 되고 난 후 동궁 재위 시절의 고통스런 삶을 《명의록》明義錄이라는 책으로 남기게 했다. 매일같이 갑옷을 입고 잠자리에 들어야 했다는 참혹한 내용들이다.

이렇게 장차 임금이 될 사람이 자객들의 위협으로부터 생명을 지키기 위해 갑옷을 입고 자야 하는 지경에 이르렀단 말인가? 그대는 이렇듯 처참한 상황을 상상이나 할 수 있겠는가? 그대도 무척이나 고통스러운 삶을 살았다던데 나 역시 어린 시절부터 이런 엄청난 고통을 받으며 살아 왔다. 그런 면에서 나는 그대에게 매우 큰 동질감을 느낀다.

나는 하늘에서 자네의 고향을 보았다. 경상북도 안동시 예안면 도촌리는 말 그대로 심심산골로서 경북 봉화와 예안을 아우르는 청량산 자락의 한쪽이더군. 산색이 아름답고 물이 맑아

좋기는 하지만, 학교를 다니려면 무려 20리 이상을 걸어 다녀야 할 정도의 깊은 산골이었다.

그러니 어려운 살림살이에 굶는 것이 일상이었겠고 혹독한 가난이 자네의 가족들을 얼마나 힘들게 했겠는가. 살길을 찾아 경기도 성남으로 이사를 가서도 어린 나이에 얼마나 많은 고통을 겪었는가. 그럼에도 그 모든 어려움을 극복하고 오늘 이러한 위치에까지 올라왔으니 참으로 대단하다 하지 않을 수 없다.

나는 비록 왕실에서 태어났지만, 사실상 자란 환경은 그대와 거의 비슷하다고 할 수 있다. 나의 삶도 앞이 꽉 막혀 아무것도 보이지 않는 첩첩산중과도 같은 곳이었으니.

2

고난과 공부에 대한 집념

어린 시절 성장 과정과 공부에 매진한 것을 생각할 때마다 나는 그대에게 참 많이 미안하다. 나는 왕세손으로 태어나서 세상 부러울 것 없는 좋은 환경 속에서 공부를 하였다. 반면 그대는 경제적 어려움으로 인해 중학교 진학조차 하지 못했으니 말이다. 그럼에도 불구하고 나는 나의 어린 시절 공부 과정을 이야기하면서 그대의 공부에 대한 열정과 노력이 얼마나 대단한 것이었는지 격려해 주고 싶다.

사람들은 나를 '호학好學의 군주' 혹은 '군사君師'라고 얘기하곤 한다. '군사'라고 하면 임금이자 스승을 이야기하는 것이다.

나는 실제로도 많은 신하와 백성들의 학문적 스승이기도 했다. 흔히들 다산 정약용을 조선 후기 실학의 완성자라고 이야기한다. 그런 그가 나에게 배운 영향이 매우 클 정도로 나의 학문은 크고 깊다고 할 수 있다.

이렇게 내가 학자군주가 될 수 있었던 것은 어려서부터 책을 좋아하고 공부를 엄청나게 많이 했기 때문이다. 반면 아버지는 유학 공부를 좋아하지 않았다. 할아버지인 영조가 사도세자를 싫어했던 가장 큰 이유가 공부를 하지 않는다는 것이 첫 번째 이유였을 정도다.

나도 〈사도〉라는 영화를 알고 있다. 아버지와 할아버지의 관계를 아주 사실적으로 묘사했다. 그 영화에 나오듯이 아버지는 경전 읽기를 싫어했다. 아버지는 유학 공부 대신에 병법·천문역법, 그리고 건축·토목 같은 공부들을 좋아했다. 주로 전쟁이나 무예와 관련된 것이었다.

아버지가 아파서 누워 있을 때 외할아버지였던 홍봉한이 세자 전각으로 찾아와서 제갈량의 '출사표'를 읽어주니 좋아하며 기운을 차렸다고 할 정도로 아버지는 무예에 깊은 관심을 갖고 있었다. 아버지는 효종대왕의 북벌론을 이어받아 군대를 양성해서 압록강을 건너 요동으로 쳐들어가는 것이 꿈이었다. 오랑캐인 청나라를 정벌하겠다는 것이다. 물론 실현 가능한 목표는 아닐 수 있는데, 그 기개만큼은 높이 살 만했다.

그런 이유로 아버지는 공자나 맹자, 혹은 주자가 이야기한 학문을 공부하기보다 군사와 관련된 실용적인 공부를 많이 했다. 그러다 보니 할아버지 영조는 아버지를 더욱 싫어하게 되었는지도 모른다.

할아버지의 이야기는 간단했다. 제왕이 되기 위해서는 제왕학 공부를 해야 한다는 것. 그리고 제왕학의 핵심이 바로 역사 공부와 경전 공부인데, 이 두 가지를 소홀히 했기 때문에 제왕이 될 자질이 없다고 생각했다. 결국 할아버지는 공적인 관계에서 아버지를 멀리 하기 시작했다.

나는 아버지와 할아버지의 그런 불편한 관계를 너무 잘 알고 있었다. 그런 이유로 할아버지의 사랑을 받기 위해 공부를 열심히 했다. 특히 할아버지 영조가 좋아하는 경전 공부에 치중했다. 한번은 잠을 자고 있는데 할아버지가 나를 불러들여 신하들 앞에서 경전을 외우게 하였다. 내가 경전을 줄줄 외우고 해석을 잘해내자 할아버지는 매우 기뻐하며 신하들에게 총명한 손자를 자랑하였다.

나는 솔직히 할아버지 눈치를 보았던 것도 있다. 하지만 책을 워낙 좋아했고 읽고 나면 그 내용을 깊이 음미하고 싶었다. 얼마나 공부를 심하게 했는지 어머니 혜경궁과 아버지 사도세자는 밤을 새워 책을 읽지 못하도록 늦은 시간에는 촛불을 켜지 못하게 했다. 그때마다 나는 방문 앞을 이불로 가려서 촛불빛이 밖으로 새나가지 못하게 하였다. 어린 나이에 얼마나 책읽기에 빠졌으면 이런 행동을 했을까!

그런데 왜 그렇게 공부를 좋아했을까?

나는 사서삼경을 모두 꿰뚫고, 거기에 더해 제자백가의 학문까지 모두 이해하고 싶었다. 특히 공자에 주목했다. 《논어》와 《중용》의 중요성은 말할 필요도 없거니와, 나를 정치적으로 성장시켜 군주로서 역할을 할 수 있게 한 책은 《서경》書經이었다. 《서경》의 '홍범구주'洪範九疇는 내 정치 철학의 기반이라고 할 수 있다. 중국 하夏나라 우왕이 남겼다는 정치 도덕의 아홉 가지 원칙이 담긴 《서경》은 국가 운영에 있어서 매우 귀중한 책이다.

사람들은 《논어》를 단순한 책으로 생각하는 경우가 많다. 그러나 나는 논어를 통해서 공자의 사상을 이해했다. 당시 새로운 학문을 추구하는 실학자들의 대부분이 바로 논어에 주목했다. 논어에는 뜻밖에도 매우 실용적인 내용이 들어 있고, 개혁적 사고를 할 수 있게 되어 있다.

내가 죽은 후, 나의 제자이자 충실한 신하인 정약용은 유배를 가게 되었다. 그 일은 매우 안타깝지만, 긴 안목으로 우리 역사를 돌아보면 정약용이 유배를 가서 대단한 기록을 남겼기 때문에 우리의 사상사가 발전했는지도 모른다.

알다시피, 정약용은 유배 중에 《목민심서》를 저술했다. 그 책에는 다양한 사례와 좋은 말이 많은데, 그중 상당수가 《논어》를 인용하고 있다. 역시 《논어》는 노인들이 공자왈 하며 고리타분하게 떠드는 탁상공론의 쓸모없는 학문이 아니라, 백성들의 삶을 위한 실용적인 학문이었던 것이다. 나는 이 《논어》의 개혁성에 주목을 하고 《논어》를 철저히 공부하면서 공자의 학문 본류로 돌아가자고 했다.

훗날 나는 노론의 '주자도통주의'朱子道統主義만을 강조하는 사대부들에게 주자 역시 공자의 후예이니 공자로 돌아가야 한다며 자연스럽게 왕권의 강화를 추구했다.

나는 또한 책읽기를 시작하면 반드시 끝을 보려고 했다. 책을 읽다가 중간에 포기한 적이 없었다. 아무리 힘이 들어도 새로운 지식을 얻는 것은 새로운 사회를 만들고 국가를 운영하는 데 있어서 귀중한 기반이 된다. 때문에 나는 책 읽기를 소홀히 하지 않았다.

나의 공부에 가장 도움을 주었던 분은 바로 어머니 혜경궁이었다. 어머니는 내가 책을 다 읽을 때마다 떡을 해서 신하들에게 나누어 주었다. 그때 내가 읽은 책은 오늘날처럼 한 권, 두 권으로 이루어진 것이 아니었다. 작게는 몇 권에서 많게는 몇십 권의 문집이었다. 이러한 문집을 다 읽고 나면 어머니가 떡을 해주었고, 나는 훗날 국왕이 된 후에도 어머니께서 해 주시는 떡을 선물 받기 위해 책을 계속 읽었다.

내가 공부를 한 것은 기본적으로 나의 학문적 지식을 높여 신하들 앞에서 자랑하기 위함이 아니었다. 공부를 통해 제왕학을 체득하기 위해서였다.

제왕학의 기본은 크게 두 가지라고 할 수 있다. 하나는 공자와 맹자 등 성인들이 저술한 경전 공부고, 또 하나는 역사 공부다.

당시의 제왕학이자 역사교육 서적으로는 사마천의 《사기》와 남송 시절 학자이자 관료였던 사마광이 쓴 《자치통감資治通鑑》을 들 수 있다. 그 역사서에 나오는 다양한 역사, 즉 영명한 군주가 다스리던 치세의 역사와 무능한 군주가 다스려 백성들이 혹독한 삶을 살아야 했던 비극의 역사를 함께 공부했다. 나라가 외세의 침입 때문에 곤란에 처했을 때 그런 부분을 어떻게 대처해야 하는지도 모두 역사 속에서 배웠다.

그런데 문제는 대부분의 책이 모두 중국의 사상과 중국의 역사였다는 것이다. 나는 우리 민족의 역사와 우리 선대 학자들의 사상을 공부하고 싶었다. 그래서 율곡 이이의 《성학집요》를 제왕학의 주교재로 삼았고, 앞선 시대에 간행된 우리의 역사와 지리를 공부했다. 제왕학의 교재가 조선의 책으로 바뀐 것이다.

그대에게 당부하고 싶은 것도 이것이다. 공부를 함에 있어 서양지식인들의 학문과 철학도 중요하지만 우리 역사에서 의미 있는 학자들의 사상과 우리 역사를 깊이 공부하길 바란다. 다행히 그대가 조선후기 실학에 대한 관심이 높고, 그래서 실학을 기반으로 하는 21세기 대한민국의 발전을 위한 정책을 만들고 싶어 한다고 들었다. 그런 부분을 도와줄 학사들이 주변에 많이 있을 것이라고 생각한다.

나는 공부를 깊이 있게 하고 싶어서 당대 최고의 학자들을 스승으로 불러 들였다. 물론 동궁 시절에는 나의 의지로만 이루어질 수 있는 상황은 아니었다. 할아버지께 청을 드려서 스승을 초빙했다.

그중 가장 대단한 인물은 서명응이란 분으로, 사도세자도 가르쳤던 분이었다. 내가 나중에 보만재保晚齋라고 하는 호를 지어 주기도 했는데, 조선 역사상 가장 뛰어난 학자라고 할 수 있다.

나의 학문이나 율곡과 퇴계에 버금가는 인물이라고 할 수 있다. 이 사람의 손자가 바로 그 유명한 실학자 서유구다.

서명응의 뒤를 이어 나를 지도한 사람은 남인의 채제공과 노론의 김종수 등이 있다. 서명응은 소론인데, 서명응의 아들인 서호수가 나의 동궁시강원 강사 역할을 했다. 당대 최고의 학자들이 동궁인 나를 지도하였으니 나의 학문적 능력은 날로 높아졌다.

이처럼 공부를 하는 과정에서 나는 실학 연구의 핵심 인사와 토론을 하며 나의 학문적 능력을 키우고 싶었다. 그래서 당대 최고의 신진 학자로 알려져 있는 홍대용을 동궁시강원의 익위사로 채용을 했다. 동궁시강원의 강사가 모두 차 있어서 대신 홍대용을 나의 익위사, 즉 경호원으로 부른 것이다. 익위사는 하급 경호원인데, 홍대용의 무예 능력이 뛰어나서 약간의 편법으로 채용한 것이다.

당대 최고의 학자이자, 자제군관으로 청나라까지 다녀온 그의 경험과 새로운 실학의 세계를 함께 토론하고 싶었다. 그는 연암 박지원과 무예의 달인인 야뇌 백동수와 특별히 가까운 사이였고, 나중에 규장각 검서관으로 임명한 박제가, 이덕무, 유득공과도 북학파의 일원으로 매우 특별한 관계를 맺고 있었다. 따라서 홍대용과 이야기하면 북학파 전체와 대화하는 것과 같았다.

그렇게 하여 홍대용을 옆에 두고 틈날 때마다 학문적 이야기를 나누었다. 새로운 세상을 만들기 위해서 개혁은 어떻게 해야 하는지 집중적으로 토론했고, 이 내용을 일기에 자세히 기록해 놓았다. 국가 경영을 위해 어떻게 개혁을 할 것이며, 이를 위하여 어떤 학문을 할 것인가를 논의하고, 실학은 무엇이며, 개혁을 추구하는 이들은 누구인가, 그리고 장차 국왕이 될 나는 누구와 연대해야 하는지의 고민을 홍대용과 나누었다.

그러니 그대도 국가의 개혁을 위해 실질적인 학문과 경험을 가지고 있는 학자들과 깊은 교유 관계를 맺길 바란다. 뛰어난 학자들이기는 하지만 앞선 정부에서 현실에 맞는 실용적 정책을 만들지 못하고 이상론에 치우쳐 국민들에게 도움이 되지 못하는 정책을 만든 이들과는 난절해야 할 것이다.

그대가 어려운 가정환경에도 불구하고 검정고시를 통해 전액장학생으로 법대에 진학하고, 사법시험에 합격한 것은 대부분의 사람들도 알고 있다. 뛰어난 두뇌와 간절하고 피나는 노력의 결과일 것이다. 하지만 지금까지 법률 공부 외에 국가 경영을 위해 어떤 공부를 했는지는 모르는 사람이 많다. 아마 그대와 함께 새로운 시대를 만들어갈 국민들도 모두 궁금해 할 것이다.

또한 그대의 국정지표 중에서 국가 최고지도자인 대통령이

이재명에게 보내는 정조의 편지

반드시 알아야 하는 것들이 있다. 이러한 국정 과제를 제대로 추진하기 위해서 대통령으로서 최소한 그 분야에 있어서 전문가가 되어야 한다.

3

가족 간의 불화, 그리고 포용

후세 사람들 중에 나와 내 가족의 이야기를 모르는 사람은 거의 없을 것이다. 나의 아버지 사도세자는 할아버지 영조와 후궁이었던 영빈 이씨 사이에 태어났는데, 할아버지와 할머니 사이에서 태어난 사람은 모두 세 명이었다. 위로 누나였던 화평옹주, 그리고 동생인 화완옹주는 모두 영빈 이씨 소생이다.

아버지는 누나인 화평옹주와는 매우 친하게 지냈지만 여동생이었던 화완옹주와는 그렇게 좋은 관계는 아니었다. 나중에 화완옹주와 나의 관계가 무척 안 좋았던 것은 아버지와의 불편한 관계 때문이기도 했다.

이재명에게 보내는 정조의 편지

내가 굳이 아픈 나의 가족 이야기를 꺼내는 것은 바로 그대도 가족들 중에 불편한 관계가 있었던 것을 알기 때문이다. 나 역시 어머니 외에 왕실의 다른 가족들과 매우 불편한 관계였다. 특히 나는 그들 중 일부를 사약을 내려 죽이기까지 했었다.

그랬던 터라 나는 대통령 후보 경선 과정에서 상대가 그대의 가족 이야기를 꺼낼 때마다 불편한 마음을 지울 수가 없다. '가족 간의 불화가 극심해서 대통령이 될 자질이 없다', '형을 정신병자로 몰아 병원에 강제로 입원시켰다' 등의 비난이나 비판을 받고 있지만 진실은 다른 얼굴을 하고 있다고 생각한다. 형수에 대한 욕설 사건은 물론 슬픈 가족사이지만, 어찌 보면 자네의 셋째 형과 형수가 어머니에게 저지른 패륜 사건일 수도 있기 때문이다.

물론 지금의 대한민국 국민들이 어떻게 받아들일지는 모르겠다. 그래서 나는 이 불편한 진실을 해소해 주기 위해서 나의 가족 이야기, 그리고 내가 일족에게 왜 사약을 내렸는지 그 이야기를 하고자 한다.

할아버지 영조는 나를 너무너무 사랑하였다. 그리고 아버지가 돌아가신 후에는 나를 조선의 왕으로 만들려고 하였다. 그런데 나의 새 할머니는 내가 조선의 국왕이 되는 것을 바라지 않았다. 할아버지 영조가 65세의 나이에 맞이한 15살의 꽃다운 처녀였던 할머니는 경주 김씨 명문가에서 성장한 아름답고 총명한 여인이었다. 그 여인이 바로 정순왕후였다.

정순왕후는 영조와 결혼을 했지만 자식을 낳지는 못했다. 요즘도 65세에 자식을 낳는 경우는 거의 드물다. 하물며 당시의 기준으로 볼 때 65세는 노인 중에서도 상노인이었기 때문에 자식을 보기는 불가능했을 것이다.

정순왕후는 내가 할아버지의 왕위를 계승하는 게 싫었지만 끝내 자식을 보지 못하자 신하들로 하여금 양자를 들이라는 주장을 하게 했다. 입승대통入承大統이라고 하는 것으로, 양자를 세워서 대통을 이으려 함이었다.

이 이야기를 나의 할아버지 영조대왕에게 가장 많이 한 사람이 바로 정순왕후의 친동생이었던 김귀주라는 사람이었다. 김귀주는 어떻게 하면 나를 제거할 수 있을까를 끊임없이 고민한 사람이었다.

그런데, 정순왕후와 김귀주만이 나를 괴롭힌 것이 아니었다. 이들과 연대해 아버지 사도세자를 죽이고 나도 죽이려 했던 사람은, 참으로 안타깝지만, 나의 고모 화완옹주였다.

화완옹주는 앞서도 이야기했지만 아버지 사도세자와 어머니가 같았다. 그러니까 내게는 친고모였다. 영조대왕은 2남 12

녀를 낳았는데, 그중 3남매가 한 어머니에게 태어났으니 얼마나 사이가 좋았겠나.

그런데, 실제로는 그렇지 않았다. 화완옹주는 오빠인 사도세자를 미워했다. 화완옹주는 영조대왕의 막내딸이었는데, 어려서 정치달이라는 인물에게 시집을 갔다가 정치달이 일찍 죽으면서 할아버지의 지시로 다시 궁궐에 들어 왔다. 그렇게 궁궐에서 살게 되면서 할아버지 편이 되어 온갖 비위를 맞추다 보니 아버지가 미워하는 오빠와 거리가 멀어졌고, 결국 사도세자를 가장 크게 음해하는 사람이 되었다.

화완옹주는 조금 지나서 양자를 들였는데, 바로 정후겸이라는 인물이었다. 정후겸은 나와 연배가 비슷한데 머리가 좋고, 학문도 뛰어나 야망이 큰 인물이었다. 그런데 정후겸은 그 야망이 도를 넘어 어쩌면 나를 제거하고 자신이 왕이 되고 싶었는지도 모른다.

할아버지 영조시대에 《정감록》鄭鑑錄이란 책이 조선 사회 곳곳에 퍼졌다. 그 《정감록》 내용은 조선의 국왕인 이씨가 망하고 정씨가 새로운 조선의 왕이 된다는 것이었다. 정후겸은 그 책을 읽고 자신이 조선의 왕이 될 수 있지 않을까 하는 헛된 망상을 갖게 되었는지도 모른다. 그래서 정후겸은 정순왕후와 김귀주와 연대해 나를 제거하려고 했다.

그런데 이 사람들만이 전부는 아니었다. 할머니, 할머니의 동생 김귀주, 그리고 나의 고모, 고종사촌동생이 나를 죽이려고 하는 것만으로도 충분히 슬프고 부끄러운 일인데, 여기에 더해서 또 다른 나의 친척들도 동조를 했다. 그중 가장 대표적인 인물이 홍인한이었다.

놀랍게도, 홍인한은 나의 어머니 혜경궁의 작은아버지였다. 홍인한은 나의 아버지 사도세자를 죽이는 데 가장 큰 역할을 했던 인물이었다. 할아버지 영조가 아버지가 죽은 그날 밤에 나에게, "너의 아버지를 죽인 사람은 김상로와 홍인한이다"라고 이야기해줄 정도로 홍인한은 내 아버지를 죽이는 일에 일등공신이었다. 그 홍인한이 화완옹주, 정순왕후와 짜고서 나를 제거하려고 했다.

내가 할아버지의 뒤를 이어 대리청정을 하게 되었을 때 결사반대했던 사람도 바로 홍인한이었다. 할아버지 영조가 나에게 대리청정을 하라고 하교 내린 승지의 전교를 찢기도 하고, 내가 세 가지를 알아서는 안 된다고 이야기하는 '삼불필지설'三不必知說을 내 앞에서 대놓고 주장하기도 했었다.

'삼불필지설'이란 동궁은 세 가지를 알 필요가 없다는 것이다. 첫째, 이조판서와 병조판서가 누가 되는지 알 필요가 없고, 두 번째, 관료들이 남인인지, 소론인지, 노론인지 당파를 알 필요가 없고, 세 번째로 조정에서 하는 모든 논의를 알 필요가 없다고 하는 것이다. 모두 무례하기 짝이 없는 이야기였다.

이조판서와 병조판서는 문관 인사권과 무관 인사권을 갖고 있는 사람들인데, 이는 곧 동궁인 내가 조정 관료들의 인사권에 일절 개입하지 말라는 이야기였다. 관원들이 어떤 당파인지를 알아야 정책을 조율할 수 있는데 그것도 알 필요가 없고, 거기에 더해 마지막으로 조정에서 하는 모든 논의를 알 필요가 없다고 하는 것은 나더러 그저 허수아비로 조정과 궁궐 안에 앉아만 있으라는 이야기나 마찬가지였다.

이처럼 신하로서 자기들만 모든 권력을 독점하고 정치를 좌지우지하겠다고 하는 무엄한 이야기를 내 앞에서 서슴없이 했던 사람이 바로 나의 작은외할아버지 홍인한이었다. 심지어 외삼촌 홍낙임도 나를 제거하는 일에 가담했다.

한편 외할아버지 홍봉한은 사위인 사도세자가 죽는데도 방관만 했었고, 외손자인 나도 보호하지 못한 채 그저 수수방관만 할 뿐이었다.

그런 사태를 바라보는 어머니가 얼마나 비통했겠는가. 정말 기가 막히지 않는가? 가족들이 전력을 다해 나를 보호하고 내가 훌륭한 왕이 될 수 있도록 도와주어도 시원치 않은데, 나를 죽이고 자신들이 권력을 갖기 위해서 이렇게 비열한 일을 저질렀다니 도저히 납득할 수가 없었다. 아니 용인될 수도 없는 일이 아닌가. 그렇듯, 내가 겪은 고통은 말로 다할 수 없다.

내가 군이 이 나의 아픈 상처를 꺼내면서 이야기를 하는 것은 그대도 용기를 잃지 말라는 뜻이다. 나는 그렇게 고통스러운 가족사를 극복하고 조선의 왕이 되었고, 훗날 많은 후손들이 나를 우리 역사에서 최고의 인물로 평가할 업적을 남겼다. 그러니 그대도 용기를 갖고 가족들의 문제를 슬기롭게 잘 극복하기 바란다.

물론 나는 국왕이 된 후에 할머니 정순왕후는 왕대비로서 끝까지 잘 모셨다.
하지만, 김귀주는 나의 어머니에 대한 불경죄를 핑계 삼아 흑산도로 유배를 보내 10년 동안 유배지에 있게 했다.
화완옹주는 궁궐에서 내쫓고 옹주의 지위를 박탈했다. 정씨의 부인이라고 해서 호칭도 정처鄭妻라고 부르게 했다.
그리고 그의 아들 정후겸은 내가 왕이 되자마자 유배를 보냈다가 바로 사약을 내려서 사형을 시켰다.

작은외할아버지 홍인한도 유배를 보냈다가 바로 사약을 내려서 사형을 시켰고. 그리고 외삼촌 홍낙임은 평생 유배지에 있

이재명에게 보내는 정조의 편지

게 만들었다.

어머니가 나에게 간곡하게 부탁했음에도 불구하고 용서하지 않았다. 공과 사에 대한 철저한 구분 때문이었다.

그러나, 이제 시대는 달라졌다. 그대는 비극적 가족 관계를 뛰어 넘고 가족들과 원만하고 아름다운 관계를 맺었으면 한다. 형과의 관계는 사실을 알고 보면 이해하지 못할 것도 없다. 그러나 많은 사람들이 이 일을 통해서 오해를 하고 있고, 심지어 그대에게 대통령으로서의 자질이 없다고 하는 이들도 있다. 그러니 이 부분에 대한 해명을 명확히 하고, 불화를 일으킨 가족들을 끌어안는다면 오해가 해소될 것이라고 생각한다.

그대의 여동생이 청소노동자로 살다가 일찍 죽고, 형은 노동을 하다가 다리가 절단되었다는 것을 알고 나는 참으로 가슴이 아팠다. 또 그대의 어머니 역시 엄청나게 고생을 하다 돌아가셨는데, 어머니의 명복도 위로해드리고, 형제들과 나머지 가족들을 잘 보듬으며 혈육들끼리 아름다운 관계를 맺기를 진심으로 바란다.

'수신제가치국평천하'라 했다. 그러니 이런 문제는 분명 대통령 후보로 나서는 사람에게 있어 허물이다. 이 부분에 대해 국민들에게 다시 한 번 진정성 있게 사과를 하기 바란다.

그대가 안동 유림들을 만나 대화를 하는 자리에서 내보인 유학에 대한 소양과 인식에 대해 안동 유림들의 평가가 매우 후했다고 하니 우리 전통 사회의 중요 덕목인 효와 충에 대해서도 존중하기를 바라는 것이다.

4

경장대고와 대통령 출마 선언

그대의 대통령 선거 출마 선언 영상을 보고 나는 꽤나 놀랐다. 사실은 그대가 좀 더 격하게 대선 출마 선언을 할 줄 알았다. 그런데, 처음부터 끝까지 차분하게 포부를 밝히는 것을 보고 내공이 깊어졌구나, 그리고 많이 준비했구나, 하는 생각을 하게 됐다.

이번 기회에 몇 가지 이야기를 더해주고 싶은데, 그것은 뒤로 미루고, 일단은 대통령 출마 선언 영상을 보면서 예전에 내가 경장대고를 발표했던 순간을 떠올려 보았다.

나는 굉장히 어렵게 왕이 되었던 사람이다. 잘 알다시피, 나는 엄청난 기득권 세력들과 싸우면서 조선의 국왕이 되었다. 사람들은 나에 대해서, 왕이 될 수 없었던 사람이라고 말한다. 실제로 나를 제거하고 다른 사람을 왕으로 내세우려는 이들도 많았다. 심지어 내가 왕이 된 이후에도 나를 제거하기 위해 궁궐 침실까지 자객을 보내기도 했었다. 중요한 것은 내가 이런 어려움들을 극복했고, 새로운 조선을 만들기 위한 노력을 게을리하지 않았다는 것이다.

그러므로 내가 하고 싶은 이야기는 끊임없이 노력하라는 것이다. 그리고 기득권 세력들의 어떠한 압력에도 굴복하지 말고 그대가 생각하고 있는 국가 경영의 비전을 보여주길 바라는 것이다. 국가 경영의 비전을 내놓지 않고서 국민들이 그대를 지지하거나 따를 거라고 생각하면 오산이다. 그런 점에서 그대는 이번 대통령 선거 출마 선언에서 국가 경영에 대한 비전을 매우 잘 보여주었다고 생각한다. 그처럼 이후에도 계속해서 국가 경영의 비전을 펼쳐주기 바란다.

자! 다시 나의 이야기로 돌아가 보자. 나는 국왕이 된 지 3년 차 되던 해에 '경장대고'更張大誥라는 것을 선언했다. 그날은 할아버지 영조의 삼년상을 마치고 조정에서 첫 번째 조회를 여는 날이었다. 할아버지 영조의 삼년상을 마친 때는 1778년 6월 첫 주였다.

삼년상을 치르는 동안 일상적인 국정 업무는 수행하지만 대대적인 조회는 열지 못하는 것이 조선 왕실의 관례였다. 그렇기에 그때까지는 제대로 된 조회를 열 수 없었고, 새로운 국가 운영의 방향과 정책을 이야기하는 것이 불가능했다. 그 기간 동안 나는 조용히 그간의 적폐를 청산하고 차후 추진할 개혁을 준비했다. 그리고 첫 번째 조회를 여는 날, 나는 조정의 모든 신하들에게 선언했다.

'경장'이라고 하는 것은 개혁을 말하는 것이고, '대고'라고 하는 것은 크게 알린다는 말이다. 경장대고는 크게 네 가지 이야기였다. 첫 번째는 민산民産, 두 번째는 인재人才, 세 번째는 융정戎政, 네 번째는 재용財用이었다.

민산은 백성을 부유하게 하는 것이고, 인재는 나라를 발전시킬 인재를 육성하는 것이며, 융정은 국방을 개혁하는 것이고, 재용은 국가 재정을 안정시키는 것이다.

내가 이러한 국가 비전에 대한 정책을 제시한 것이 200년 전이다. 그런데, 이것들은 요즘 시대에 다시 이야기해도 크게 벗어나지 않을 것이다.

사실 나의 경장대고에 관심을 갖고 먼저 차용한 사람은 노무현 대통령이었다. 그러니 그대도 향후에 대한민국의 대통령이 된다면 이런 내용으로 국가 정책을 수립하기를 진심으로 바란다. 인수위원회에서 이 네 가지를 중심으로 국가 운영 정책을 수립하면 매우 좋을 것이라고 생각한다.

민산은 백성들의 재산을 풍부하게 하는 것이다. 이를 위해서는 다양한 경제 정책을 세워야 한다. 그대가 이야기한 것처럼 규제를 합리화하고. 첨단 산업 기술도 개발해야 할 것이다. 그리고 국민들의 경제를 활성화할 수 있는 다양한 기반과 지원도 아끼지 않아야 한다.

이러한 정책은 아주 구체적으로 만들어야 할 필요가 있다. 나라를 장기적으로 발전시키는 데 있어서 제일 중요한 것은 역시 인재다. 사람이 나라를 온전하게 만드는 것이지 AI 같은 인공지능을 갖고 있는 로봇이 대신할 수 있는 일이 아니기 때문이다.

그런데 내가 지켜본 결과, 국가 운영이라든가 기업 운영이 제대로 이루어지지 않는다는 생각이 든다. 경제적 어려움이 닥치면 인재 육성을 위한 교육 지원 프로그램 예산부터 삭감하는 추세가 기초지방정부나 대기업을 막론하고 만연해 있지 않은가. 중앙정부에서도 조금만 어려워지면 인재를 육성하는 프로그램의 예산부터 삭감하고 보는데 이는 매우 잘못된 결정이다.

나는 조선의 경제가 어려운 속에서도 규장각을 만들었다. 그리고 초계문신제도를 운영했다. 여기에 더해서 향교 교육을 부활시켰다. 인재를 육성하는 일만큼 중요한 일이 없기 때문이다. 백성들은 교육을 통해서 지식인으로 성장하고, 백성의 지식이 힘이 되어 국가가 부강해지는 것이다. 그런데 이런 기반이 형성되어 있지 않으면 국가는 점점 힘이 떨어진다. 기득권 세력들은 돈과 권력을 이용해 자신의 자식들에게만 좋은 교육을 시키고 힘을 길러 세력을 공고화한다는 말이다.

따라서 국가가 해야 되는 가장 중요한 일 중의 하나는 모든 사람들이 제대로 된 교육을 받을 수 있게 하는 것이다. 이것이야말로 국가의 가장 중요한 역할이다. 교육과 관련된 부분은 그대 역시 매우 중요하게 생각해야 하는 것이니, 인재 육성을 위한 프로그램 개발에 노력할 것으로 믿는다.

세 번째는 국방 개혁이다. 이것은 국가의 존립이 걸린 중요한 문제다. 국방 개혁과 관련해서는 차분하게 다시 이야기해야 하겠지만, 현재 대한민국의 경제발전과 안보 강화는 국방을 개혁하지 않고서는 절대 이루어질 수 없다.

나는 국방을 개혁하기 위해 장용영이라는 특별한 군대를 만들었다. 무과에 합격한 전문적인 군사들로 만든 조직이었다. 나는 그들에게 '바람으로 머리 빗고, 빗물로 목욕하라'고 격려하며 최강의 군대로 만들었다. 조선의 무예를 근간으로 중국의 무예와 일본의 무예도 함께 정리한 표준무예를 만들어 조선의 모든 병사들에게 보급했다. 비슷한 군영을 통합하여 군사재정을 효율적으로 하고, 남은 재정을 민생 안정에 쓰게 했다.

지금 대한민국은 장군들에 대한 지원 예산이 사병 전체를 지원하는 예산만큼 많다고 하는 이야기가 있다. 전 세계에서 별을 단 장군이 상대적으로 가장 많은 나라 중 하나라는 말이다. 이런 과도한 부분들을 개혁하지 않고 국방 예산을 책정하여 운영하면 결코 국가의 균형발전이 이루어질 수 없다.

마지막으로는 재용이다. 재용과 관련해서 우리는 엄청난 사건을 겪었다. 과거 김영삼 정부 시절 국가의 재정이 원활하지 않아서 국가 부도가 현실이 되었다. 당시 재정경제원 공무원들의 무능한 재정 운영이 출발이었지만 큰 틀에서 보자면 우리가 외채에 대해 신중한 대응을 하지 못할 정도로 국가 재정이 부족했던 것이 근본 이유였다. 외환보유고가 너무 부족하다 보니 갑작스러운 외채 상환에 대응하지 못해서 어려운 일을 겪은 것이었다.

현재 대한민국의 외환보유고는 매우 안정된 편이다. 하지만 전 세계에서도 외채가 아주 많은 나라에 속한다. 1인당 외채는 4만 5천 달러. 우리 돈으로 거의 500만 원에 이른다. 이런 엄청난 돈을 외국에서 빌리고 있는 상황이니 이를 갚을 수 있도록

이재명에게 보내는 정조의 편지

재정을 개혁하는 것이 앞으로 대통령이 해야 할 중요한 일이라고 생각한다.

나는 국가 재정을 안정시키기 위해 농업과 상업의 개혁을 추진하여 경제 발전을 이루며 국가 재정을 확충하였다. 당시 백성의 대부분이 농민이었기에 농업 개혁은 매우 중요하였고, 이를 위해 토지제도의 개혁에 중점을 두었다.

조선시대는 토지에 대한 세금을 부과하기 위해 토지를 6등급으로 나누었다. 이를 20년마다 한 번씩 다시 측량하고, 토지대장인 '양안'量案을 새로 작성하여 호조와 8도의 감영 그리고 각 고을에 비치하였다.

임진왜란과 병자호란 이후 토지에 대한 측량인 양전이 올바로 작성되지 않아 대토지 소유주인 양반 사족들은 세금이 경감되었다. 반면 오히려 토지를 많이 소유하고 있지 않은 일반 백성들의 세금이 과중하게 부과되는 극심한 폐단이 존재했다. 그래서 나는 양반 사대부들이 숨겨 놓은 토지와 엉터리 수치로 조작된 토지를 모두 정확하게 평가하게 하여 세금을 부과했다. 이렇게 세금이 올바르게 되자 국가의 재정이 한결 나아졌다.

즉위 초에는 궁방전에 대한 개혁을 추진하는 한편 경기·영남·호남 3도에 양전을 추진하고, 양전이 끝나기 전에는 수령을 교체하지 않도록 지시했다. 당시 노론 모두가 양전을 반대한 것은 아니지만, 장령 최경악과 경상감사 정대용 등 기득권층의 상당수가 반대를 했다. 그런 이유로 양전은 경상도와 전라도 일부만 시행되고, 노론 세력의 본거지인 경기도와 충청도에서는 양전을 추진하지 못했다. 당시 기득권은 양전이 시행되면 관리들을 다른 곳으로 발령 내어 사업을 제대로 하지 못하게 하는 교묘한 방법을 사용했다.

그래서 나는 양전 사업 시행 중에는 절대로 관직을 이동하지 못하게 했다. 관료들의 교묘한 저항에 나는 원칙을 고수해 가면서 대응하였다. 이것이 내가 경장대고를 발표하고, 그 이후 개혁을 위해 나아간 국정의 방향이었다.

그리고, 나의 시대에는 기본소득 같은 개념의 정책을 만들어 낼 수가 없었다. 내가 아무리 선진적 사고를 했었어도 지금과 같은 기본소득의 개념은 생각할 수 없었다는 말이다. 어찌 보면 나의 한계일 수 있다.

나는 200여 년 전 인물이니 그렇다 치더라도 그대는 대한민국에서도 가장 일찍 기본소득의 개념을 국민들에게 이야기하고 이를 현실화하려고 한다. 그런데 이 기본소득은 국가 재정이 부족하면 절대로 추진할 수 없는 정책이다. 즉 기본소득 정책을 추진하기 위해서는 국가 재정의 확충과 안정이 보장되어야 한다. 따라서 기본소득 정책 추진을 위한 재원마련, 다시 말해 국가 재정을 파격적으로 늘리는 정책을 펴기 바란다.

5

융정과 국방 개혁

그대는 대통령 선거 출마 선언을 하면서 '강력한 안보'라는 비전을 제시하였다. 나는 이 말을 듣고 사실 깜짝 놀랐다. 이재명이라는 사람이 노동·인권·경제와 관련된 분야에는 전문지식이 있으니 의미 있는 정책을 만들 것이라고 생각을 했다. 반면 국방에 대해서는 관심이 적을 것이라 생각했다. 특히나 그대는 군대도 가지 못했으니 말이다.

물론 소년공 시절 장애인이 됐다는 사연은 잘 알고 있다.

"프레스에 눌려 성장판 손상으로 비틀어져 버린 왼팔을 숨기려고 한여름에도 긴팔 셔츠만 입는 저를 보며 어머니는 속울음을 삼켰다. 휘어버린 팔꿈치를 쓰다듬던 어머니 손길을 느끼며 속으로만 울었다."

그런 이유로 군대를 가지 않았기 때문에 국방에 대해서는 약간 관심이 덜하지 않을까, 하는 생각도 했었다. 그런데, 그대의 군대 미필 경력이 상대편만이 아니라 민주당 경선 주자들 사이에서도 공격당하는 것은 통탄할 만하다. 장애인이 되어 군대를 가지 못한 슬픔에 대해 위로를 해주는 게 마땅함에도 이를 이유로 비난을 하다니, 참으로 개탄스러운 일이 아닐 수 없다.

그대가 안보를 강조한 것은 현재 한반도에 있는 남북분단 상황과, 특히나 남쪽에 있는 보수 세력들을 끌어안고자 하는 의지였다고 생각한다. 당연히 그렇게 하는 게 맞다. 안타깝지만, 아직도 대한민국은 남과 북이 나뉘어져 있어서 서로 간에 총을 겨누고 전쟁을 준비하고 있는 상황이 아닌가.
너무나 가슴 아픈 일이다. 내가 좀 더 좋은 군주였다면, 그리고 더 많은 개혁을 했더라면 이와 같은 분단의 슬픈 현실을 만들지 않았을 것이라는 회한이 밀려온다. 나는 지금도 나라가 이렇게 두 동강이 나서 나의 후손들이 서로 대결하고 있는 것이 모두 나의 잘못 같아서 너무너무 가슴 아프고 송구하기 이를 데 없다. 이 점에 대해서는 우리 후손들이 나를 너그러이 이해해 주기 바란다.

다시 그대의 이야기로 돌아가면, 그대가 '강력한 안보'라고 이야기한 것을 나는 두 가지의 개념으로 이해한다. 한편으로는 보수 세력들을 아우르기 위해서 강력한 안보를 해야 한다는 것이고, 다른 하나는 외세로부터 이 나라를 지키기 위해 안보를 강조한 것이라고 생각한다.

지금 대한민국은 전 세계에서 가장 강력한 군사 주권과 국방력을 가진 나라이기도 하다. 물론 미국이라고 하는 초강대국의 영향력 아래 놓여 있기는 하지만 그래도 강력한 안보의 기반을 갖추고 있다. 그린 이유로도 미국의 영향력을 극복하면서 대한민국의 발전을 도모해야 할 것이다. 나는 그런 측면에서 그대가 대한민국이 외세와 북한 모두로부터 이 나라를 자주적으로 지키고 싶은 생각에 안보라는 개념을 강조하고, 국민들을 지키려고 한다고 보았다.

나는 자주 국방, 국방 개혁을 특히 중요하게 생각했다. 내가 처음 국왕이 되었을 때 너무도 충격적인 보고를 받았다. 나는 나의 선대왕인 영조 임금을 대신해서 대리청정을 할 때까지만 해도 국방과 관련된 부분을 제대로 이해하지 못했다. 신하들이 나에게 정확한 보고를 하지 않았기 때문이다.

그래서 국왕이 된 후 국가의 재정 운영이 어떻게 되는지를 알고 싶었다. 물론 당연히 알아야 하는 것이기도 했다. 맨 먼저 호조에 국가 운영을 위한 전체 예산을 보고하라고 지시한 이유다.

그때 호조의 보고 내용은 정말 충격적이었다. 국가 예산의 56%가 국방비로 사용되고 있었다. 더욱 충격적인 것은 이 국방비의 대부분이 쓸모없는 군대의 장수들 급여로 나가고 있었다는 점이다. 그 사실을 확인하고 나서 얼마나 충격을 받았는지 모른다.

당시 조선에는 쓸모없는 군대가 너무 많았다. 조정의 유력한 가문에서는 자식들을 고위 관료로 만들기 위해 문과 급제를 못 하면 무과로 전환시켜서 급제를 시켰고, 능력도 안 되는 그 무과 급제자들이 고위 장군으로 승진하고, 그들이 나라의 국방을 책임지고 있었던 것이다.

게다가 그들은 나라의 안위나 국방 개혁에는 아무 관심도 없었다. 오로지 자기들의 이익밖에 생각하지 않았다.

나는 충무공 이순신을 무척 좋아한다. 그래서 충무공 이순신을 후손들에게 올바르게 알려야 한다고 생각을 해서 《충무공이순신전서》를 편찬하게 했다. 그 책의 편찬자로 규장각 각신 윤행임과 규장각 검서관 유득공을 임명했는데, 유득공이 이순 신의 일기를 보여주며 제목을 붙여달라고 했다. 나는 그것을 처 음부터 끝까지 꼼꼼하게 다 읽고 '난중일기'라고 이름 지었다.

그런데 그때 《난중일기》를 읽다 보니 너무도 당혹스런 내용 이 있었다. 이순신이 전라좌도 수군통제사로 갔을 때 군영의 화 살촉이 모두 다 떨어져 나가 있고, 칼이 칼집에 붙어서 뽑히지 가 않고, 창은 모두 녹슬어 있었다고 쓰여 있었다. 그만큼 당시 지휘관이나 중간 장교들 그리고 병사들이 관심이 없고 관리를 하지 않았던 것이다.

내가 왕이 됐을 때도 군영의 현실은 이것과 똑같았고, 장수 들도 마찬가지였다. 그럼에도 불구하고 자기들의 이익에만 눈이 어두워 국가 재정의 56%나 되는 엄청난 돈을 가져갔다.

물론 그렇게 많은 돈이 든다 해도 정말 나라를 지키기 위해 서 국방력을 강화하고, 훈련에 매진하고, 무기를 제대로 만들고, 식량을 비축한다면 전혀 문제가 되지 않는다. 그런데 몇몇 가문 들이 자신들의 권력을 유지하기 위해서 군대를 이용하고 있을 뿐이었다. 도저히 용납할 수 없는 일이었다.

나라가 존립하기 위해 가장 중요한 것이 바로 국방의 강화다. 특히나 조선은 이미 임진왜란과 병자호란을 겪었다. 두 전쟁을 통해서 얼마나 많은 백성들이 죽고, 얼마나 많은 농토가 파괴되었던가.

그로 인하여 백성들의 삶은 피폐해지고 경제 기반은 붕괴되었다. 더욱이 병자호란 때는 인조 임금께서 삼전도에 나가 삼배구고두를 하며 항복을 하고. 이 항복하는 장면을 한양 도성의 10여 만 백성들이 직접 보기도 했지 않은가.

그렇게 비극적인 사건을 겪었던 우리가, 그렇게 부끄러운 일을 경험했던 우리가 국방력을 강화하는 것은 당연했다. 그리하여 더 이상 저 오랑캐들의 힘에 굴복하지 않고, 당당한 황제국가라 칭할 수 있는 자주적인 나라를 만들어야 했다. 그래서 나는 국방력을 강화시킬 최우선 과제로 국방 개혁, 즉 군대를 개혁해야 한다고 생각했다.

군대를 개혁하기 위해 제일 먼저 한 일은 한 지역에 똑같은 체재의 여러 군영이 있는 것을 하나로 통합하는 일이었다. 예를 들어, 강화도에 가면 통어영과 진무영이라는 군대가 있다. 강화도 땅을 두 군대가 나누어서 지키는 것은 사실상 맞지 않는다. 진무영이든 통어영이든 한 군영만 있으면 그 지역 전체를 방어할 수 있다. 그런데도 군대를 둘로 나누어 놓아 각각의 장수들에게 들어가는 급여와 예산이 이중으로 지출되는 상황이었다.

강화도만 해도 그런데, 전국의 상황을 살펴보면 그런 일들이 한두 곳이었겠는가.

아마도 지금 대한민국도 비슷할 것이다. 기능과 역할이 겹치거나 불필요한 지출이 많이 발생하고 있을 것이다. 그대가 만약 대한민국의 대통령이 된다면 국방 개혁부터 해야 되지 않을까 생각하는 이유다.

내가 두 번째로 한 국방 개혁은 바로 남한산성에 있는 군대를 개혁하는 일이었다. 당시 남한산성의 지휘관은 모두 한양에 있었다. 남한산성 안을 지키는 수어청이라는 군대가 남한산성을 전체적으로 지휘해야 되는데, 정작 지휘관인 수어사는 남한산성 안에 있지 않고 한양에 따로 주둔하고 있었다. 이름하여 수어경청守禦京廳이라고 하는 기관을 만들어서 한양에 머물고 있었던 것이다.

당연히 남한산성보다 한양 땅이 지내기 좋았을 것이다. 한양은 좋은 환경에 유흥업소도 있고, 같이 술 마실 친구도 많았을 테니 말이다. 그러니 뚝 떨어진 남한산성에 가 있기 싫었을 것이다.

하지만 지휘관이 남한산성 안에서 주둔하지 않고 서울에 있다 보니 남한산성의 군대 시스템은 무너졌다. 지휘관이 없는 군대가 어떻게 제대로 된 군대가 될 수 있겠는가. 훈련인들 제대로 할 것이며, 무기를 보관하고 관리하는 체제가 제대로 이루어질 리가 만무했다.

그러다 보니 국방력은 날이 갈수록 약해질 수밖에 없었다. 그래서 나는 과감하게 수어경청을 혁파하고, 수어청에 있는 모든 지휘관들을 남한산성 안에 들어가서 주둔하게 했다.

그런데 이렇게 당연한 일을 나 이전의 군주들은 하지 못했다. 왜 못했느냐고? 신하들이 임금을 능멸했던 것이 가장 큰 이유다. 신하들이 임금 위에 올라서서 권력을 좌지우지했기 때문이다.

인조반정이 있었다. 당시 임금이던 광해군을 몰아내고 능양군이었던 인조를 국왕으로 만들었던 사건이다. 반정을 주도한 세력들은 자신들의 사병을 합법적 군대로 만들었고, 그 군대의 지휘관을 자기들이 직접 임명하게 해달라고 요청했다. 말이 요청이지 실제로는 협박이나 마찬가지였다.

당시 인조는 반정공신들의 요구를 받아들이지 않을 수가 없었다. 그래서 중앙 오군영의 대장을 모두 자신의 권한으로 임명하지 못하고 신하들의 요청에 따라서 임명했다. 그러니 이 군대가 임금 알기를 얼마나 우습게 알았겠는가. 결국 군영의 장수들은 자기들의 이익만을 챙기고 국방에 대해서는 관심이 없었다. 하지만 나는 달랐다. 직접 병조판서를 통해서 명령을 내려서 오군영 대장을 임명하였다. 그리고 모든 군대의 지휘관들로 하여금 현지에서 머물게 했다. 이것이 내가 실시한 두 번째 국 방 개혁이었다.

이어서 내가 중요하게 생각했던 국방 부문의 개혁은 바로 새 로운 군대인 장용영을 만든 것이다. 장용영은 기존의 군대와는 약간 다른 차원의 군대라고 할 수 있다. 기존 군대는 요즘으로 치면 징병제와도 같은 것인데, 나는 일종의 모병제와 같은 군대 를 만들고자 했다.

강력한 군대를 만들기 위해서는 강한 무사들이 필요했다. 일 반 백성들을 아무리 많이 징집한다고 해서 강력한 군대가 되기 는 어렵다. 그래서 나는 무과시험을 통해 유능한 인재를 선발하 고, 그렇게 선발된 무사들을 장용영이라는 군대로 흡수했다. 바 로 그 군대가 국방을 제대로 강화하게 만들었다. 그리고 《무예 도보통지》라고 하는 무예서를 편찬해서 스물네 가지의 기예를 만들고, 그 기예를 익히게 해서 군사들의 무예 능력을 더욱 강 화시켰다.

중요한 것은 장용영이라는 군대를 통해서 새로운 국방력 강 화가 이루어졌으며, 나아가 장용영이 단순히 국방력 강화를 위 한 군대만이 아니라 백성과 함께하는 군대로 거듭 태어났다는 것이다.

나는 장용영의 무사들에게 특별한 명령을 내렸다. 서로 간에 욕을 하지 말 것, 서로 금전거래 하지 않을 것, 아침에 일찍 일어나서 청계천을 청소할 것, 그리고 한양 도성의 길을 쓸 것. 그것은 전쟁이 없을 때의 군대는 백성을 위해서 할 수 있는 일을 해야 한다는 의미였다.

그래서 밤에는 등불을 켜기도 했고, 겨울에는 눈을 치우기도 했다. 군대의 역할은 나라를 지키는 것만이 아니라 백성들을 보호하고 백성들이 편하게 생활할 수 있게 하는 것이라고 나는 생각했다.

이렇게 백성들을 사랑하는 따뜻한 군대를 만들고, 또 무예 훈련을 철저히 하는 군대를 만들다 보니 자연스럽게 백성들에게 엄청난 지지를 받게 되었다. 그렇게 나의 국방 개혁은 성공에 이르렀다. 그를 통해서 엄청나게 많은 국방비를 절감할 수 있었던 것은 덤이었다.

이상으로 그대가 대통령 선거 출마 선언을 하면서 안보에 대한 이야기를 가장 먼저 했기에 여러 가지 나의 경험과 생각을 정리해 보았다.

어쨌든 국방 개혁은 지도자의 강력한 의지가 없으면 절대 추진할 수가 없다. 박정희와 전두환, 노태우 등 군인들이 정권을 잡아 군대가 나라를 통치하는 비극은 더 이상 없어야 한다. 비록 재임 중에 국가 부도를 내는 큰 실수를 하였지만 김영삼 대통령이 문민 개혁을 하기 위해서 군사문화를 막고 군대 내 사조직이었던 하나회를 척결한 것은 참으로 잘한 일이다.

그렇듯 군대에 들어간 많은 국방비를 절감하고, 절감된 국방비를 국가 개혁과 민생 안정, 사회복지 비용으로 사용하면 국민들이 얼마나 좋아하겠는가. 군사력 강화를 위한다고 거짓으로 보고하고 은밀히 국방비를 빼돌리는 일들이 더 이상 일어나서는 안 된다. 아직도 국민들이 율곡사업 비리를 기억하고 있다는 것을 명심해야 할 것이다. 대통령이 강력한 리더십을 갖추고 잘못된 군대 문화를 바꾸고, 국방 마피아들을 제거하여 새로운 국방 개혁을 이루어야 할 것이다.

이재명에게 보내는 정조의 편지

6

자휼전칙과 복지국가

봉건시대의 국왕으로서 이런 이야기를 꺼내는 것이 부적절한 것 같기는 하다. 하지만 나는 지금까지의 인류 역사는 지배자와 피지배자의 대결이라고 생각한다. 가진 자와 가지지 못한 자, 권력이 있는 자와 권력이 없는 자. 즉 지금까지 사람들은 불평등한 사회에서 살아 왔다. 그렇기 때문에 사회적 약자들의 삶은 무척 어려웠다. 군주가 되어서 이런 불평등한 사회를 바꾸었어야 했는데, 그러지 못해 후세들에게 미안한 마음뿐이다.

그대는 누구 못지않게 어려운 시절을 보냈고, 힘든 고난을 겪었으니 많은 불평등을 체험했을 것이라 본다. 또한 그렇기 때문에 어느 누구보다도 불평등 해소에 노력할 것 같다는 믿음이

든다. 내가 불평등을 해소하고자 노력했던 경험을 이야기해 주는 것도 도움이 될 것이다. 그러니 나의 경험을 잘 새겨서 앞으로 대통령이 된다면 모든 사람들이 평등하고 누구나 다 복지혜택을 누리며 살아갈 수 있는 나라를 만들어 주기를 바란다. 특히 가난하고 힘없는 어린 아이들을 정책의 우선순위에 누기를 바란다.

나는 열한 살 때 아버지를 여의었다. 너무나 잘 알려진 이야기를 굳이 또 꺼내는 이유는 내가 어린 나이에 아버지를 잃는 슬픔을 겪었기에 고아가 된 아이들에 대한 안타까운 마음도 남달리 크다는 것을 말하기 위함이다.

고아가 된 아이들이 누구의 도움도 받지 못한다면 제대로 성장할 수 있을까? 나는 늘 그런 생각을 해왔다. 돈 있고 권력 있는 양반 사대부의 자식들이라면 어린 나이에 고아가 됐다고 하더라도 그 가문의 후원으로 조금은 어렵겠지만 안정적으로 성장할 수 있다. 그러나 가난하고 땅도 없는 평민의 아이들이 부모가 일찍 돌아가셔서 고아가 됐다고 한다면 그 아이들은 어떻게 살아갈 수 있을까?

사실 조선은 500년 역사 내내 경제적으로 넉넉했던 적이 별로 없었다. 세종대왕 시절에는 땅도 많이 개간하고, 기후도 적절

했고, 또 국왕을 중심으로 모든 대신들이 합심을 해서 국가 운영이 비교적 순조로웠다. 덕분에 백성들이 그럭저럭 편안하게 살 수 있었다. 하지만 임진왜란 이후 전쟁과 기후 이변, 그리고 권력다툼이 극심해지면서 조선 사회는 점점 피폐해지기 시작했다.

게다가 조정은 오랜 당파 싸움으로 분열되어 있었다. 그러다 보니 정사가 제대로 논의되지 않았다. 그러니 백성들을 위해 필요한 경제 정책을 수립하고, 추진하지 못했다. 이로 인해 나라 살림은 더욱 어려워져서 가난한 백성들이 도처에 널리게 되었다.

부모가 가난 때문에 자식들을 버리고 도망가서 아이들이 고아가 되는 경우가 적지 않았다. 혹은 경제적으로 어렵다 보니 부모가 어린 자식을 남겨두고 자살을 하는 경우도 있었다. 또 전염병이 퍼져 하루아침에 부모가 급사하는 바람에 고아가 되기도 했다.

이러한 심각한 상황이 도처에 나타날 때 국왕과 조정 관료들은 어떻게 해야 할까? 당연히 알맞은 정책을 세워 고아가 되거나 버려진 아이들을 바르게 키우기 위해 깊이 고민해야 할 것이다.

버려진 아이들, 고아가 된 아이들을 잘 키우려고 한 의지는 이미 숙종대왕 때부터 있었다. 숙종대왕 시절 북관어사 민정중이라는 사람이 주청을 올렸다. 가난 때문에 자식을 낳아도 기르지 못하는 임산부들이 많은데, 이들을 관아에 등록해 매달 일정한 양식을 지급해서 키우게 하자는 것이었다.

당시에도 먹고 살기가 힘들어서 자식을 낳은 뒤 아이를 버리고 도망가는 부모가 많았다. 때문에 민정중은 이런 안타까운 현실을 보면서 가난한 임산부들에게 국가가 양식을 지원해 줘야 된다고 생각을 했던 것이다. 이런 민정중의 유기아수양론遺棄兒收養論, 즉 버려진 어린 아이들을 기르는 내용은 1695년 숙종대왕 시절에 유기아수양법으로 만들어졌다.

그런데 문제는 이 고아가 된 아이들을 키우고 도와주는 예산을 정부가 지원하지 못했다는 것이다. 나라에 돈이 없어서 필요한 예산을 지원할 수 없었던 것이다. 그래서 민정중은 가난하고 힘없는 어린 고아들을 키우는 데 있어서 나라가 해주면 좋기는 하겠으나 나라가 돈이 없으니 지역에 있는 돈 많은 유지들이 돈을 기부해서 이 아이들을 키워주기를 바란다고 하였다.

그런데 이러한 권유가 과연 제대로 시행될 수 있었을까? 돈이 많은 부자들이 아이들을 키우는 데 과연 통 크게 기여를 할까? 물론 임금의 뜻과 고위 관료들의 뜻이 그러하다보니 고아가 된 아이들을 위해 처음에는 조금이라도 기부를 했을 것이다.

그런데 과연 이들이 계속적인 지원을 했을까? 결론은 그렇지 않았다. 그래서 숙종대왕이 신하들과 협의해서 만들었던 이 유기아수양법은 실제로는 거의 시행되지 못했다. 그러니 평민의 자식으로 고아가 된 아이들이 어떻게 되었겠는가? 당장 살기 위해서 제 발로 권문세족의 집으로 들어가서 노비가 되었다. 노비가 되면 최소한 의식주 문제는 해결이 되니 그런 선택을 할 수 밖에 없었다.

　평민의 자식들이 먹고 살기 위해 원해서 노비가 된다니 얼마나 비참한 일인가. 고아가 된 아이들을 국가가 책임져 주지 못한다면 그것을 어찌 국가라고 할 수 있겠는가. 숙종대왕도, 영조대왕도 이런 아이들을 국가가 해결해 주려는 노력과 고민을 깊이 했지만 당시의 국가 재정상 시행하기는 힘들었다.

　한편 이러한 정책을 추진하지 못한 것이 이상기후 때문이라고 핑계를 댈 수도 있다. 그 당시는 전 세계적으로 소빙하기였다. 때문에 기후가 매우 좋지 않았다. 요즘 밝혀진 엘니뇨, 라니냐 현상 등의 기후 이변들이 그 시절에도 수시로 발생하였다.

　나는 국왕으로 즉위한 후 경제 활성화를 매우 중요하게 생각했다. 그래서 논농사를 활성화하기 위해서 저수 농법을 기획하여 활용하게 했다. 그리고 토지를 비옥하게 하기 위해 거름을 만들게 했다. 이전에는 거름을 제대로 활용하지 못했지만 나는 거름을 만들어서 황무지를 비옥하게 가꾸도록 했다.

또 상업하는 사람들을 우대했다. 그러다보니 장사를 크게 하는 거대상인들이 나타나게 되었고, 차츰 나라 전반의 경제가 안정되어 갔다.

물론 이것을 나만의 성과라고 할 수는 없다. 나와 함께 고민 했던 많은 신하들이 좋은 정책을 만들기 위해 노력해주었기 때 문에 백성들의 삶이 안정될 수 있었다. 그러나 이렇게 경제적으 로 안정된 정책을 만드는 것은 내가 즉위하고도 한참 지난 뒤 의 일이었다.

내가 즉위하자마자 제일 먼저 펼쳤던 정책 중의 하나는 버 려진 고아들을 나라가 책임지고 기르는 것이었다. 이것은 국가 지도자의 의지의 문제라고 생각한다. 내가 즉위했을 때는 할아 버지 영조대왕이 정치를 하던 시대의 연장이었다. 영조대왕 시 절의 재정 문제를 그대로 끌어안고 가야 하던 시절이었다. 그 런 시절에 내가 버려진 고아들을 국가가 책임지고 길러야 한다 는 법률을 만든 것은 큰 결단이었다. 이것은 올바른 일이고, 반 드시 해야 할 일이었다. 때문에 나는 국가의 재정을 여러 방면 으로 고려하면서 과감하게 이 정책에 예산 지원을 하는 결단을 하였다.

국왕으로 즉위하고 7년 뒤인 1783년에, 나는 버려진 아이들을 구제할 '자휼전칙字恤典則'이라는 법을 제정했다. 조선 역사상 가장 획기적인 사회복지 정책이었다. 나는 이 법을 제정하면서 다음과 같은 말을 법전의 서문에 새겼다.

"흉년이 들어 굶주리는 해에 우리 백성들 중 가장 말할 데 없고 괴로운 사람은 바로 어린 아이들이다. 장정들은 그런대로 살아갈 수 있지만, 어린 아이들은 이와 달라 제 힘으로 입에 풀칠을 할 수 없으므로 훌쩍거리며 살려 주기를 바라며 의지할 데가 없게 된다."

그래서 이 어린 아이들을 고을 수령들이 반드시 찾아내어 안전하게 기르도록 했다. 그대도 이 부분에 대해서 나와 같은 결단을 해야 한다. 버려진 고아들을 지키는 것은 국가 지도자의 의지가 있으면 크게 어렵지 않다.

나는 이를 해결하기 위해 예산을 세우고, 이 아이들의 나이에 맞게 식량을 지원하고, 빈터에 흙집일지언정 지어서 아이들이 거처하게 하고, 병에 걸리면 혜민서에서 치료받게 했다. 그리고 풍년이나 흉년에 관계없이 매일 똑같은 양의 식사를 제공하게 했다.

유리걸식하는 여인들 중에 수유가 가능한 여인들을 골라서 갓난아기들에게 젖을 먹이게 하고, 여인에게는 식량을 제공했다. 옷이 없는 아이들에게는 진휼청의 전례대로 만들어 주었고, 갓난아기를 데리고 혼자 버려진 여인들이 옷이 없으면 옷을 만들어 입히게 하였다.

대한민국의 경우, 외형은 커졌지만 복지 부문은 아직도 후진국에 머물러 있다. 약자에 대한 국가의 보살핌이 여전히 부족하다. 특히 양극화가 심해지면서 청년층의 좌절과 분노가 하늘을 찌르고 있다.

복지란 사회공동체 구성원 누구나 누려야 할 최소한의 것에서 빠진 것이 없는지 국가가 나서서 살피는 것이다. 공동체인 국가 안에서는 인식하지 못하지만 서로가 서로에게 영향을 끼치며 이익도 주고받는다. 이는 가진 사람과 가지지 못한 사람의 사이에서도 이루어진다. 한 예로, 지금의 대기업들은 산업화시기에 국력을 모아 좀 더 많이, 좀 더 높은 경쟁력을 갖도록 키워진 것이다. 산업용 전기는 아직도 값싸게 제공되고 있다. 그렇기에 기업의 이윤은 그 기업만의 결실이 아니다. 그러니 국가라는 울타리 안에 있는 구성원들은 국격이 올라가고 국력이 강해진만큼 그에 어울리는 삶의 질을 보상받을 권리가 있다.

물론 이러한 정책을 추진하려면 많은 예산이 들어간다. 하지만, 그렇다고 해서 국가 운영을 하지 못할 정도의 예산이 들어

이재명에게 보내는 정조의 편지

가는 것은 아니다. 이는 결단의 문제인 것이다. 그렇게 하면 가난에 못 이겨 아이들이 자청해서 노비가 되는 일도 없을 것이고, 다른 아이들과 차별을 받지 않아도 된다. 특히 가난하고 소외된 사람들, 집도 제대로 구하지 못하고 직장도 제대로 구하지 못하는 그런 사람들을 위한 정책을 만들어야 한다.

현재 대한민국 국민들이 원하는 것은 바로 이와 같은 보편적 복지, 그리고 차별 없는 정책을 만들어 불평등을 해소하는 것이라고 본다. 그대는 그런 힘과 지혜를 갖고 있다. 그대가 어린 시절 경제적 어려움 때문에 중학교도 진학하지 못하고 공장에 다니면서 겪었던 그 어려움을 알기 때문이다. 그대가 미래 대한한국 사회의 복지 정책을 어떻게 만들어낼지 나는 무척이나 궁금하다.

7

신해통공과 경제부흥정책

내가 조선의 임금으로 가장 잘한 것이 있다면 조선의 백성들이 모두 자유롭게 장사를 할 수 있게 허용한 것이다. 그런데 이 말 속에 숨은 뜻은 내가 왕이 되기 전까지는 백성들이 자유롭게 장사를 하지 못했다는 것이다.

이것이 사실이냐고 묻는다면 나는 서슴지 않고 그렇다고 대답할 수 있다. 어쩌면 납득이 가지 않겠지만 조선시대는 일반 백성들이 자유롭게 장사를 할 수 없던 시절이었다. 만약 백성들이 자신이 가진 물품 중에 남는 것이 있어 시장에 갖고 나와 팔면 불법이었다. 요즘 시대의 기준으로 보면 말도 안 되는 일이겠지만 당시에는 이런 일이 당연했다.

그렇다면 나라의 경제를 발전시켜 백성들이 잘 살게 하려면 국가 지도자는 어떤 정책을 만들고 실천해야 할까? 나는 조선의 임금으로 어떤 일을 했는가? 이번에는 나라 경제를 살리는 방안에 대해 이야기를 해보려고 한다.

한양의 시장으로는 크게 '대시전'과 '일반시전'이 있다. '대시전'이라 함은 육의전을 비롯한 대규모 상인들이 만든 시장이고, '일반시전'은 육의전을 지배하는 상인들이 소규모로 만든 시장이라고 할 수 있다. 그것은 한양의 여러 곳에 있었다. 그렇지만 일반 백성들은 두 곳 모두에서 장사를 할 수는 없고 물건을 살 수만 있었다.

조선시대는 독점권을 갖고 있는 시전상인들에게 특별한 권한을 주었다. 바로 '금난전권'禁亂廛權이다. 난전을 금하는 권리라는 뜻이다. 백성들이 팔고 싶은 물품을 가져와 길거리에서 늘어놓고 팔면 시전상인들은 자신들의 권한으로 무력을 휘둘러 장사를 못하게 할 수 있었다. 그러니 일반 백성들은 장사를 할 수가 없었다. 시대가 흐를수록 금난전권을 가진 상인들의 권한은 더욱 커져갔다. 기득권들이 자신들의 힘을 계속 키워 나간 것이다.

수요와 공급이 균형을 이룰 때 물품의 가격이 합리적으로 결정되는 것이 경제의 기본이다. 그런데 이처럼 상인들이 모든 물품의 사고 파는 일을 독점했으니 어디 제대로 된 상업이 형성되었겠는가? 힘없는 백성들만 고통 받을 뿐이었다.

그런데 이들 시전상인 뒤에는 누가 존재했을까? 당연히 힘 있는 정치권력이 존재하였다. 오랫동안 권력의 중심에 있었던 가문과 그들의 옆에서 기생하는 벼슬아치들이 함께 상인들의 뒷배를 봐주다 보니, 백성들의 삶은 안중에도 없고 오로지 자신들의 이익만 추구했다. 그렇게 오랜 관행임을 내세워 권력자들과 시전의 상인들이 유착하여 돈을 벌고 있었다.

이러한 구조를 깨지 않으면 국가는 발전할 수 없고 백성들의 삶은 나아질 수 없었다. 그래서 나는 과감히 이런 관행을 깨고 새로운 국기 개혁을 추진하기로 했다.

나의 결단의 기반은 당연히 백성들이었다. 백성들의 요구는 간단했다. 조선의 모든 백성들이 누구나 자유롭게 장사를 할 수 있게 해달라는 것이었다.

내가 이 개혁을 추진하고 성공시킨 이야기는 《리더라면 정조처럼》이라는 책에 자세히 나와 있다. 그대가 존경하는 문재인 대통령은 이 책을 읽고 규제를 혁파해서 모든 백성들이 장사를 할 수 있게 해준 신해통공 정책 추진에 깊은 감명을 받았다고 추천 소감을 밝혔다. 결국 문재인 대통령도 경제를 살리기 위해서는 규제 혁파가 중요하다는 것을 잘 알고 있었고, 실천하고 싶었던 것이다. 그러니 그대도 이 부분에 대해 깊이 생각하고 보다 나은 정책을 만들어주기 바란다.

이 정책은 내가 처음으로 추진한 것은 아니다. 영조 임금 때부터 계획된 것이다. 물론 거대한 권력 때문에 할아버지는 실패하였다.

할아버지 영조는 사도세자가 죽고 2년 뒤에 나를 동궁으로 책봉하였다. 이제 본격적으로 정치 수업을 시키겠다는 뜻이었고, 관료들에게도 내가 조선의 국왕이 될 것임을 밝힌 것이다. 이때 영조 임금은 -내게 정치적 경험을 하게 하시려는 의도가 있었는지는 모르겠지만- 전에 하지 않았던 엄청난 개혁 방안을 준비하였다. 그것이 바로 통공정책通共政策이었다. 즉 모든 시장에서 상인들이 가지고 있는 금난전권을 혁파하여 백성들이 자유롭게 장사를 할 수 있게 하는 개혁이었다. 이 개혁을 제안하고 주도한 분은 나의 외할아버지 홍봉한이었다.

나의 외할아버지는 참 좋은 분이었다. 외할아버지의 배다른 동생인 홍인한은 내 아버지를 죽이는 데 주도적인 역할을 하였지만 외할아버지는 아버지를 보호하기 위해 노력했다. 이런 내용은 정치적인 것이기도 하지만 가정사에 속하는 것이다. 그러므로 더 이상 거론할 생각은 없다. 중요한 것은 외할아버지 홍봉한은 조선의 문제점을 하나하나 들여다보고 개혁을 추진하는 분이었다는 것이다. 내게 조선의 모든 노비를 없애는 방안을 제안해주신 분이기도 하다. 나의 문집인 《홍재전서》에 나오는 노비제도 혁파 방안인 '노비인奴婢引'이란 정책 제안은 대부분은 외할아버지 홍봉한의 영향을 받아 쓴 글이다.

당시에는 법을 집행하는 기관인 의금부, 사헌부 등에 심각한 문제가 있었다. 조정의 법사法司에서 일을 하는 이들에게 급여를 지급하지 않은 것이다. 이것은 조선의 가장 큰 문제점이기도 했다. 대과 시험에 합격한 조정의 관료들에게는 당연히 급여를 주는 데 반해 실무적인 일을 하는 서리들에게는 급여를 주지 않았다. 이는 한양의 중앙 기관민의 문제가 아니었다. 조선이란 나라 전체의 문제였다. 지방의 300여 개 고을에 급여를 받는 서리는 단 한 명도 없었다. 그러니 이들은 백성을 착취하여 생계를 유지할 수밖에 없었다. 국가가 공직자들의 부정부패를 유도했다고 해도 과언이 아니다.

나는 이러한 문제를 해결하기 위해 내가 만든 신도시 수원에서는 최초로 서리들에게 급여를 주었다. 그때 서리들의 환호와 감사는 이루 말할 수 없을 정도였다. 나는 이 정책을 전국에 보급하려고 했다. 그런데, 아쉽게도 내가 갑작스럽게 세상을 하직하는 바람에 더 추진하지 못했다.

다시 앞의 이야기로 돌아가자. 법사에 근무하는 서리들이 가족의 생계를 위해서 했던 행위는 바로 시전에서 상인들과 결탁하여 돈을 버는 일이었다. 그러니 이들은 시전상인들의 금난전권을 강하게 보호해 주었다. 요즘 대한민국 검찰이 기업인들과 사회 지도층 인사들과 결탁하여 그들을 보호해 준다는 이야기들이 있는데, 300여 년 전의 모습과 거의 비슷하다. 참으로 안타까운 일이 아닐 수 없다.

그래서 홍봉한은 법사들의 급여 문제를 해결하여 보다 투명한 사회를 만들기 위해 '보민사'保民司라는 호조 소속의 관청에서 이들의 급여를 지급하게 하였다. 이들이 가정을 지킬 경제적 비용을 받게 되면 시전상인들과 결탁하지 않을 것이라 생각을 했던 것이다.

그리고는 곧이어 육의전이 있는 '대시전'에는 금난전권을 유지하고 '일반시전'에서는 금난전권을 폐지하자고 하였다. 이런 주장에 김치인과 한익모 등 조정의 판서급 관료들도 호응하였다. '일반시전'에서 금난전권을 혁파하는 일이 곧 실현될 것 같은 분위기였다. 나는 이때 이 개혁 논의를 유심히 지켜보았다. 그런데 결론은 어떻게 났을까?

결과는 실패였다. 금난전권을 가지고 있는 시전상인들의 반발이 너무 거세어 조정의 중요 관료들이 모두 이들의 편을 들었다. 때문에 개혁 법안은 만신창이가 되어 끝내 사라지고 말았다. 참으로 분통한 일이 아닐 수 없었다.

나는 그때 개혁 법안이 폐기되는 과정을 처음부터 끝까지 생생하게 지켜보았다. 그리고 시전상인들이 얼마나 무서운 존재인지를 알게 되었다. 이들은 단순히 장사를 하고 이득을 얻는 사람들이 아니었다. 돈을 기반으로 국가 전체를 좌지우지할 수 있는 힘을 가진 이들이라는 것을 절실히 깨달았다. 그래서 향후 이들을 이기고 공정한 경제활동을 할 수 있는 세상을 만들기 위해서는 치밀한 준비와 강력한 힘이 있어야겠다는 생각을 했다.

즉위 후 나는 여러 가지 개혁 빙안을 추진히였다. 하지만 '금난전권' 혁파는 쉽사리 추진하지 못했다. 어설프게 추진하다가 시전상인들에게 역공을 받으면 안 되기 때문이었다. 그래서 나는 이 정책을 미리 살짝 실험하기로 했다. 실험을 통해 좋은 결과가 나오면 백성들이 절대적으로 지지하게 될 것이고, 그러면 아무리 강한 힘을 갖고 있는 시전상인이라 하더라도 이를 막을 수 없다고 생각한 것이다. 백성들의 힘은 정말 무섭고 대단하기 때문이다.

그런 이유에서 1789년(정조 13년) 7월에 아버지 사도세자의

이재명에게 보내는 정조의 편지

묘소를 수원 화산으로 옮기는 것을 계기로 삼았다. 관아가 있는 읍치邑治를 팔달산 일대로 이전하고 수원 시전을 형성하면서 새로운 경제정책을 실험했다.

내가 공적인 자리에서는 신하로 대하지만 사적인 자리에서 아버지처럼 모시는 분이 번암 채제공이었다. 나는 이 분과 함께 개혁을 추진하기로 마음먹었고, 국가 전체를 개혁할 새로운 경제정책을 함께 논의했다.

채제공은 수원의 경제 육성을 위하여 서울의 대부호 20호를 선발하여 중국과 무역하는 품목인 관모官帽와 인삼의 유통권을 수원에서만 할 수 있게 해야 한다고 제안하고, 절목(오늘의 법)을 입안하였다. 상인들의 자본 부족을 해결하기 위해서는 영남 감영의 남창에 속한 5만 냥과 평양 감영의 5만 냥을 수원의 이주 상인들에게 지원하여 밑천을 삼도록 하였다.

모자와 삼이 주된 무역 품목이지만 만약 더욱 중요한 물품이 생기면 그것도 추가로 품목에 넣어 마음대로 무역을 하는 것을 허락하였다. 나는 새로운 경제 실험에서 중국과의 무역도 이제 특정 세력만이 아니라 무역을 하고자 하는 상인 세력들 누구에게나 허용하는 방안까지 생각한 것이어서 이런 결정을 하였다.

그런데 문제가 있었다. 당시 수원으로 이주하여 상업행위를 하려는 이들은 대부분 한양의 상인들이었고, 그중에서도 의원과 역관들이 주류를 이루었다. 의원들은 조선 후기에 이르러 상업행위에 뛰어들었고, 역관들은 원래부터 조선 무역의 중추였다. 하지만 이들이 수원 지역의 새로운 상업행위에 주축이 된다면 여러 가지 문제가 발생할 수 있었다. 이에 대해 정확히 간파한 사람이 좌의정 이병모였다. 그는 이들에게 권한을 주어서는 안 된다고 하였다.

이에 수원부사 조심태는 새로운 제안을 내놓았다. 그것은 바로 한양의 부상富商도 일부 받아들이지만 실제 수원 백성들을 상인으로 육성하자는 것이었다. 수원에 거주하는 전체 백성들 중에 상업에 종사하고 싶은 이들에게 조정에서 총 6만 냥을 지원하여 시선을 설치하고 장사를 하도록 하자는 것이었다. 비록 외부에서 대형 상인들이 온다고 해도 수원 출신들이 함께 장사를 하는 것이기에 문제가 없다는 것이었다.

결국 조심태의 의견대로 합의하여 수원에는 다양한 상인세력이 공존하게 되었다. 한양의 부유한 상인과 수원의 상인 그리고 전국 각지에서 올라온 상인들이 특정의 독점권 없이 자유롭게 장사를 할 수 있게 된 것이다. 조선 역사상 최초로 자유로운 상업 행위의 시작이었다.

처음에는 수원이란 한 지역에서 실시된 것이지만 이러한 새로운 경험을 어찌 수원에만 한정하겠는가. 이내 전국으로 보급해야 한다는 논의가 나오기 시작했다. 이에 채제공은 수원에서의 성공을 기반으로 전국의 모든 시장에서 백성들이 자유롭게 장사를 할 수 있게 하는 금난전권 혁파법을 제안했다.

채제공은 시전상인들이 가지고 있는 금난전권을 혁파하고 상인이 되길 원하는 백성들이 자유롭게 상업행위를 한다면 상인들은 서로 매매하는 이익이 있을 것이고 백성들도 곤궁한 걱정이 없을 것이라고 하였다. 그리고 마지막으로 시전상인들의 원망은 스스로 감당하겠다고 다부진 결의를 하였다. 이때가 바로 내가 조선의 국왕이 된 지 15년째 되는 신해년(1791)이었다.

당시 시전상인들은 채제공에게 법을 제정하지 말라고 호소하면서 집과 거리를 메우고 원망하고 압력을 가했다. 그러나 채제공은 눈 하나 깜짝하지 않고 이 정책을 밀어붙였고, 1년쯤 지나서 물화物貨가 모여들어 일용품이 날마다 넉넉하여지니 백성들은 크게 기뻐하여, 비록 원망하고 저주하던 자들일지라도 공의公議가 훌륭하였다고 했다.

결국 우리 조선은 건국된 후 399년 만에 조선의 모든 백성들이 장사할 수 있는 나라가 되었다. 이는 정말 의미 있는 개혁이었다. 오랫동안 독점권을 갖고 있는 시전상인들과 그들을 지원하는 권력 집단의 방해 공작에도 불구하고 나는 과감한 개혁을 통해 규제를 풀고 경제를 활성화하였다. 내가 재위 기간 중 펼친 다양한 개혁 정책 중에서도 이 신해통공을 최고의 개혁으로 생각하는 것도 그 때문이다.

시대의 변화와 백성들의 생각을 읽어내는 것이 국가 지도자의 가장 중요한 일이다. 나는 그때 백성들이 원하는 것을 제대로 읽어냈다고 생각한다. 그대가 대선 출마 선언에서 강력한 경제부흥정책을 말한 것도 그 때문이 아니겠는가. 기존의 잘못된 규제를 합리적으로 풀어서 기업의 경제활동을 보장하겠다는 의지라고 본다.

이를 두고 혹자는 그대가 변한 것 같다고 이야기한다지만, 많은 국민들은 "이재명은 합니다"라는 말에 깊은 신뢰를 보낼 것이다. 나 또한 그대가 강력한 리더십으로 규제를 합리적으로 풀고 강력한 경제정책을 만들기를 희망한다.

8

검소함과 국가 재정 안정

나라에 돈이 없으면 어떻게 될까? 이러한 어리석은 질문을 하게 된 나를 무식하다고 질책하고 용서해주기 바란다. 그런데 정말 나라에 돈이 없으면 어떻게 될까? 그것은 말하지 않아도 후손들 모두가 잘 알고 있다.

내가 하늘에서 가장 충격을 받은 일이 세 가지 있다. 하나는 일본에 나라를 빼앗긴 일이고, 다음 하나는 민족끼리 전쟁을 한 것이고, 세 번째는 나라 재정이 어려워 미국으로 대표되는 강대국에게 국가 재정권을 빼앗긴 것이다.

국가 재정권을 빼앗긴 것은 사실상 나라를 빼앗긴 것이나 마찬가지다.

그런데 나는 우리 후손들이 참으로 대단하다고 생각한다. 일본에 나라도 빼앗기고, 2차 세계대전보다 더 많은 폭탄이 사용되었다는 6.25 전쟁을 겪고, IMF라는 세계은행에 실질적으로 국가 재정권을 빼앗겼음에도 불구하고 이를 모두 극복해냈다. 그 결과 올해 7월 유엔무역개발회의^{UNCTAD}는 대한민국의 지위를 개발도상국에서 선진국 그룹으로 승격시켰다. 1964년 UNCTAD가 설립된 이래 개발도상국에서 선진국 그룹으로 이동한 국가는 대한민국이 최초다.

이제 대한민국은 명실공히 미국·영국·독일·프랑스 등 선진국들이 속한 그룹으로 지위를 옮기게 됐다. 정말 감개가 무량하다. 이 나라 백성들의 선조로서 하늘에서도 정말 자랑스럽다. 이렇게 선진국으로 들어선 것은 민주 진영 정부의 노력 덕분이라고 해도 전혀 틀리지 않다. 문재인 정부의 노력에 축하를 보낸다.

흐뭇한 마음으로 후손들에게 내가 나라의 재정을 위하여 어떠한 노력을 기울였는지 이야기해주고 싶다. 특히 이번에 대통령이 되고자 하는 그대에게 나의 노력을 이야기하고, 나와 같은 노력을 기울여 주기를 진심으로 바란다.

나는 즉위 후 첫 번째 조회에서 4대 개혁과제를 천명한 경장대고를 천명했다. 이 경장대고의 내용은 앞에서 말한 것과 같다. 그중에서도 경장대고의 4번째에 해당하는 국가 재정을 안정시키겠다는 부분을 자세히 이야기하고자 한다.

선대 국왕들의 시절에는 국가 재정이 어려워 백성을 위한 정책을 제대로 펼치기 힘들었다. 그러나 나는 내가 국왕의 지위에 있는 동안에는 반드시 국가 재정을 안정시키고 싶었다. 선왕인 영조대왕께서 내게 늘 말씀하셨던 걱정이 국가 재정이 바닥났다는 것과 백성들의 생활이 옹색하다는 것이었다. 나는 나라와 백성을 생각할 때면 밤중에도 자리에서 일어나 서성일 정도로 나라의 재정을 걱정했다.

그 재정 안정의 방침은 크게 두 가지였다. 하나는 내가 스스로 검소하게 생활함으로써 재정을 낭비하지 않는 것이고, 또 하나는 왕실 소유의 토지를 명확히 정리하여 호조의 재정으로 편입시키는 일이었다. 쉽게 이야기해서 궁부일체宮府一體를 만들어 내는 것이다. 이 궁부일체가 무엇인지는 잠시 후 설명해주겠다.

나는 "부지런히 일하고 검소함을 밝히는 것은 우리 왕가의 법도이다."라고 늘 말하였다. 국왕이 검소하면 왕실의 모든 사람들이 따라서 검소하게 될 것이고, 그러면 자연스럽게 남는 예산을 호조로 이관하여, 호조에서 백성들을 위한 다양한 사업을 할 수 있을 것이라 생각하고 평생을 실천하였다.

즉위하고 6일째 되던 날인 1776년(정조 즉위년) 3월 16일, 나는 등극하기 전에 궁중에 있던 내시와 액정서 소속의 하인 108명과 궁녀들을 줄이라는 하교를 내렸다. 이 명령을 들은 모든 사람들이 깜짝 놀랐을 것이다. 왜냐하면 임금이 자신을 도와주는 내시와 액정서 소속의 하인, 여기에 더해 궁녀 수까지 줄이라고 명령하는 것은 조선시대 왕실에서 보기 어려운 일이었기 때문이다. 자신의 일거수일투족을 도와주는 내시와 궁녀는 많을수록 국왕이 편한 것인데, 이들을 대거 궁에서 내보내라고 하니 이는 왕실에 있는 사람들에게 충격이었을 것이다.

나도 편한 것을 좋아한다. 하지만 왕실 재정에 너무나 문제가 많아 특별한 결단을 내린 것이다. 당시 내가 내보낸 궁녀가 무려 300여 명이었다. 그리고 이는 왕실 궁녀의 반 가까이 해당되는 인원이었다. 정말 파격적인 일이었다.

내가 이렇게 내시와 궁녀들을 많이 내보낸 것은 국가 재정 때문이었다. 선대 시절에는 기후 이변으로 농사가 흉년이 거듭되어 백성들의 삶이 너무 힘들었다. 그래서 나는 어떻게 하면 나라의 재정을 안정시켜 백성들의 삶에 도움을 줄까 고민을 했다. 즉위하고 나서 국가 재정에 대한 전반적인 보고를 받았는데, 당시 호조 예산의 56%가 국방비로 사용되고 있다는 충격적인 내용이었다. 특히 쓸모없는 군대의 장수들 급여로 나가는 예산이 엄청났다.

그래서 이 문제를 해결하는 데 집중했고, 물론 성공했다. 군영을 통폐합하는 개혁의 내용은 다시 구체적으로 차분하게 들려주려고 한다. 국방 개혁만으로 국가 재정을 안정시키는 것이 어렵다고 생각한 나는 국왕이 모범을 보이는 삶 속에서의 검소함을 실천하자고 결정했다.

지금 우리 후손들은 외제 물품을 선호하고 있다. 그런데 외제 물품을 선호하고 실속 있는 소비가 아닌 과다한 낭비를 하는 것은 내가 재위하던 때도 마찬가지였다. 중국 비단으로 된 옷을 입지 않거나 중국 양털로 만든 모자를 쓰지 않으면 대우를 받지 못했다. 1년 동안 열심히 농사를 짓거나 노동을 해서 번 돈을 중국과 일본의 물품을 수입해서 사치생활을 하느라 탕진했다. 오죽했으면 후손들이 잘 아는 연암 박지원이 《열하일기》에 이 내용을 자세히 기술해 놓았겠는가.

그래서 나는 군주가 스스로 모범을 보여 재정 낭비를 막는 것도 중요하다고 생각하였다. 솔선수범하여 국가 재정을 줄이는 검소함을 보이는 것이 무엇보다도 중요하다고 생각했다. 그래서 첫 번째 지시한 것이 바로 내시와 궁녀를 대궐 밖으로 내보내 이들에게 지출되는 경비를 줄이는 것이었다. 당시 내시와 궁녀들은 거의 정3품 관리에 해당되는 관원들의 급여를 받았다. 때문에 이들을 대폭 감축하는 것은 국왕에게는 불편한 일이지만 재정적 측면에서는 상당한 효과를 볼 수 있는 일이었다.

그리고 나는 얼마 뒤에 하루에 두 끼만 먹고, 한 끼에 반찬을 다섯 가지만 먹겠다고 선언하였다. 국왕의 아침과 저녁 수라는 고기와 반찬 11가지 이상이 들어가는 최고의 차림이었는데, 나는 이를 거부하고 죽는 날까지 최소한의 식단으로 음식을 먹었다.

나는 거기에 더해 비단옷을 입지 않기로 했다. 비단옷 대신에 무명옷을 입었다. 신하들에게 내가 갖고 있는 비단옷은 곤룡포와 강사포 말고는 없다고 했는데, 실제가 그랬다. 나는 신하들에게 무명옷을 입는 이유를 이렇게 설명했다.

"명주옷이 편리한 무명옷보다 못하다. 대체로 사람은 일용하는 의복이 한번 화려하게 되면 사치하고 싶은 마음이 쉽게 생기므로 사치하는 풍습이 점점 성하게 된다. 이는 재물을 축내는 것일 뿐 아니라 실로 끝없는 폐해와 연관된다. 나는 나쁜 옷이 좋다고 말하는 것이 아니다. 가볍고 따뜻한 옷을 입으면 가난한 여인의 고생하는 모습이 생각나고, 서늘한 궁전에 있을 때면 여름에 밭에서 땀흘리는 농부의 노고가 생각나 경계하고 두려운 마음이 항시 간절하다. 옛사람이 이르기를, '검소함에서 사치로 가기는 쉬워도 사치에서 검소함으로 가기는 어렵다.'고 했으니, 이것이 경계해야 할 점이다."

　나는 무명옷만 입었을 뿐 아니라 옷이 해지거나 버선에 구
멍이 나면 버리지 않고 실로 꿰매어 입었다. 나는 어린 시절부
터 늘 꿇어앉아 책 읽기를 하였다. 그래서 언제나 바지 무릎 닿
는 곳이 먼저 떨어졌다.

　나이가 들어서도 이런 자세는 변하지 않았다. 그러다 보니
계속 바지의 무릎과 버선 끝이 해지게 되었다. 바지의 무릎과
버선 끝이 해지면 무조건 꿰매어 입었다.

　내가 몸이 아팠을 때 약원의 도제조인 채제공이 나를 찾아
왔다가 이불을 보고 깜짝 놀랐다. 그래서 채제공은 내게 이런
말도 했다.

　"삼가 우리 전하께서 쓰시는 이불을 보고 우러러 존경하다 못해
황송하고 부끄러운 생각까지 듭니다. 우리 성상의 검박한 덕은 본
디 나라 사람들이 다들 알고 있는 일이지만, 그래도 이처럼 검박
한 줄은 생각지도 못했습니다. 전하는 한 나라의 임금 자리에 계
시어 만백성을 가지고 있으면서 이렇게도 검박함을 숭상하고 있
는데, 신들은 도리어 그렇지 못합니다. 일반 백성들 중에도 명주로
이불을 만들어 덮는 사람들이 많은데 어찌 황송한 일이 아니겠습
니까."

이때 나는 "나는 장복章服에 대해서는 정결한 것을 취하지만, 조용히 거처할 때는 좋고 나쁜 것을 가리지 않는다. 그것은 검박함을 숭상한다기보다도 아조我朝의 가법家法을 준수하는 것이다." 하였다. 나의 검소함이 조선 왕실의 가법이라고 겸손하게 말한 것이다.

나는 나의 잠자리도 작은 공간으로 정했다. 내가 거처하는 작은 방을 화려하게 치장하지 않고, 냇가에서 나는 부들로 만든 돗자리를 깔고 살았다. 창경궁 안에 있는 영춘헌이 하도 오래되어 비가 오면 빗물이 방 안으로 스며들어 곰팡이가 슬었다. 그러나 나는 이를 개의치 않고, 신하들에게 "나는 천성이 검소한 것을 좋아한다"라고 하며 새로 도배를 하지 않았다.

이렇게 내가 검소하게 생활하니 자연스럽게 궁중의 모든 이들이 검소하게 생활할 수밖에 없었다. 나는 이렇게 모은 돈은 궁중 재산으로 두지 않고 이를 모두 호조로 보내 백성들을 위해 사용하게 하였다.

이처럼 내가 검소하게 생활한 것과 함께 왕실 소유의 토지인 궁방전을 재정비하였다. 왕실 소유 장부에 기재되어 있지 않은 궁방전 토지들은 모두 빼앗아 호조에 이관시켰다. 왕실 종친들의 토지는 세금을 내지 않는 면세전이었다. 그런데 왕실의 종친들이 권력을 이용하여 백성들의 토지를 빼앗아 왕실 소유 토지를 관리하는 내수사 장부에 기재하지 않고 사적으로 이익을 얻고 있었다. 그래서 나는 이러한 토지의 실제 소유 관계를 명확히 밝히고 백성들의 토지를 빼앗은 것이 있으면 돌려주고, 새로 개간하였음에도 왕실 장부에 기재하지 않은 것은 종친에게서 빼앗아 호조로 이관시켜 국가 소유의 토지로 만들었다. 여기서 나오는 이익금을 백성을 위해 사용하려고 한 것이다.

조사 과정에서 충격적인 일도 발생했다. 궁녀·내시·궁방의 관속 등의 비리 사실을 조사하여 보고하도록 지시하였는데, 이들의 비리로 만들어진 토지는 생각보다도 엄청났다. 선대 국왕의 후궁들인 온빈溫嬪, 안빈安嬪 등과 명선明善, 명혜明惠 공주와 그 외의 여러 후궁들의 후손이 소유하고 있는 궁방전이 너무도 많았던 것이다.

나는 왕실 종친들의 항의를 들은 척도 하지 않고 그들의 토지를 모두 호조로 이관시켰다. 이것이 바로 궁부일체宮府一體이다. 궁宮인 왕실과 부府인 조정의 행정기관은 하나라는 것으로, 나는 왕실의 재정을 국가의 재정으로 보고 왕실의 모든 사람들이 검소하게 생활하여 남은 돈을 모두 호조로 이관시켜 국가 재정을 안정시키려고 노력했다. 이것이 당시 내가 할 수 있는 최선의 일이었다. 물론 국가 재정과 경제를 살리기 위한 노력은 다른 이야기를 통해 더 할 것이다.

내가 정말로 그대에게 하고 싶은 이야기는 바로 지도자의 헌신적 노력에 대한 것이다. 20세기 대한민국의 후손들 중 권좌에 있는 고위 인사들이 판공비·업무추진비·특수활동비 등능의 이름으로 나라의 예산을 마구 사용하면서 재정을 낭비하는 일들을 엄청나게 보았다. 그대와 당이 다른 어느 후보는 특수활동비를 받아 집안 생활비로 썼다고 한다. 이는 공정과 청렴 모두를 지키지 않은 일이다. 그러니 그대는 이와 같은 일을 결코 해서는 안 될 것이며, 앞으로 더욱 청렴하고 검소해야 할 것이다.

　　　　　　　　　　　　　　이재명에게 보내는 정조의 편지

9

과거 응시 금지와 지역갈등 해소

지금 대한민국의 가장 큰 문제는 무엇일까? 그대는 이 문제에 대해 당연히 깊은 고민을 했을 것이다. 그게 무엇이라고 생각하는가?

나는 나의 후손들이 살고 있는 지금 대한민국의 가장 큰 문제는 바로 지역 갈등이라고 생각하고 있다. 지역 갈등의 수준이 어느 정도인지는 내가 굳이 말하지 않아도 잘 알고 있으리라 생각한다.

호남과 영남의 지역 갈등은 상식을 초월할 지경이다. 호남에서는 영남 출신이 주축인 당의 국회의원이 뽑히는 경우가 없고,

영남에서는 호남 출신 인사가 주요 자리에 앉는 것을 쉽게 상상할 수 없게 되었다. 왜 이런 일이 일어났을까? 이러한 일이 조선시대에는 없었을까?

물론 조선시대에도 지역 갈등과 차별은 존재하였다. 하지만 지금보다 첨예하지는 않았다. 지금의 영호남 갈등은 순전히 박정희 정권에 의해 의도적으로 만들어진 것이다. 김대중이란 유력한 정치인이 호남 출신이었기 때문에 김대중을 대통령에 당선시키지 않기 위해 호남을 비하하고 갈등을 유발하는 일을 획책했다.

기억이 나는지 모르겠지만 1970년대와 80년대 방송에서 건달·사기꾼·깡패들은 거의 전라도 사투리를 사용했다. 빈민 의리 있는 남자·협객·지식인 등은 경상도 말씨를 사용하게 했다. 이렇게 교묘하게 세뇌를 하다 보니 자연스럽게 호남 사람들은 나쁜 사람들, 약속을 어기는 사람들이란 인식이 심어지게 되었다.

박정희가 경제를 발전시켰다고 해서 그 지역 사람들은 그가 반신반인半神半人이란 허무맹랑한 소리를 하고 있는데, 이처럼 영호남의 지역 갈등을 만들어 낸 것을 보면 천고千古의 역적이라고 해도 틀린 말은 아니다. 이러한 지역 갈등으로 인하여 대한민국이 분열되고 서로 화합하지 못하는 결과를 초래했으니 말이다.

그대와 경쟁을 하고 있는 어떤 인물이 계속해서 자신은 충청인이고, 지역 기반이 충청이라고 말하는 것을 보면 내가 다 부끄럽기 짝이 없다. 대한민국의 지도자는 미래를 만들어 내야 하는데, 아직도 과거의 지역 문제를 이야기하며 특정 지역 사람들의 표를 얻어 대통령이 되겠다는 생각을 하는 것을 보면 한심하기 짝이 없다.

정작 하고 싶은 이야기를 벗어나 쓸데없이 서론이 길어졌다. 하지만 지금의 현실을 정확히 이해한 후에 내 이야기를 듣는 것이 필요할 것 같았다. 이제 본격적으로 지역 차별을 해소한 나의 경험을 이야기하겠다.

내가 조선의 국왕이 되기 전, 조선에서는 큰 지역 차별이 있었다. 그것은 바로 서북 지역 무사들의 무과시험 응시 금지와 영남 지역 남인들의 문과시험 응시 금지였다. 조선시대에 과거를 금지한다는 것이 말이 되는 일인가?

조선시대는 효를 가장 중요하게 생각했다. 나 역시 효도를 그 무엇보다도 중요하게 생각했다. 그리고 조선시대의 가장 큰 효도는 바로 입신양명이었다. 몸을 세워 이름을 날리는 것. 이름을 날린다는 것은 바로 과거시험에 합격하여 이름이 알려지는 것이었다. 따라서 부모들은 자식들이 과거에 합격하여 관직에 들어가는 것을 최고의 효라고 생각했다.

그랬기에, 재가한 여인의 자식은 과거를 볼 수 없다는 경국대전의 법 때문에 일찍이 남편을 여읜 여인들이 재가를 하지 않은 것이다. 자신이 재가를 하게 되면 자식이 과거시험을 볼 수 없기 때문이었다. 그만큼 과거시험이 중요했다.

이런 측면에서 보면 그대는 돌아가신 어머님께 최고의 효를 한 것이다. 그 쓰라렸던 가난 속에서도 검정고시를 통해 중등과정을 졸업했다. 또한 서울대학교를 갈 수 있는 실력이었음에도 불구하고 4년 장학생을 선택하여 중앙대학교 법과대학에 입학해서 학교를 마치고 사법시험에 합격하였다. 그러니 그대 어머니의 기쁨이 얼마나 컸겠는가? 거기에 더해 성남시장과 경기노지사까지 되었으니, 관직에 나가길 희망하는 조선의 어머니들과 마찬가지로 그대의 어머니 또한 기쁨이 강물이 되어 흘렀을 것이다. 그러니 그대는 이미 큰 효를 다했다.

아무튼 조선시대에는 과거시험이 이토록 중요한 일이었는데, 서북지역 무사들에게 무과시험을 보지 못하게 하고, 영남지역 문인들에게 문과시험을 보지 못하게 하였으니 이 얼마나 처절한 한이 되었겠는가?

그렇다면 왜 조정에서는 이렇게 잘못된 결정을 내렸는가?

이재명에게 보내는 정조의 편지

그 이유는 바로 세조와 영조 임금 때문이었다. 그분들의 잘못된 판단으로 일어난 일이었다. 그로 인하여 얼마나 많은 인재들이 국가를 위해 활용되지 못하고, 지역 간의 차별로 인한 원망이 컸겠는가?

세조대왕은 내 입으로 말을 꺼내기 힘들 정도로 권력에 대한 욕구가 강했다. 그분이 어떻게 해서 국왕이 되었는지는 이야기하지 않아도 모르는 사람들이 아무도 없을 것이다.

문제는 수양대군이 권력을 잡고 조선의 국왕이 되고 난 후이다. 세조가 된 수양대군을 제거하겠다는 김종서의 후예들이 서북지역에서 대거 군사를 이끌고 군란軍亂을 일으켰다. 호랑이를 맨주먹으로 때려잡았다는 이시애와 이징옥 등이 자신들의 군대를 동원하여 한양으로 진격했다.

그들의 기세가 참으로 대단했던 모양이다. 그들은 함경도와 평안도를 순식간에 점령하고 황해도까지 진격하여 한양 도성 공격을 코앞에 두고 있었다. 다행히 내분이 일어나 부하들이 이시애와 이징옥을 죽임으로써 군란이 마무리되었지만 세조 임금은 분노를 가라앉히지 못했다. 서북지역의 무사들이 다시 군란을 일으킬지 모른다는 생각에 아예 역모의 싹을 자르겠다고 생각하여 그 지역 무사들의 무과 응시를 금지시켰다.

참으로 말도 안 되는 일이었다. 이런 차별 때문에 서북지역 백성들은 임진왜란과 병자호란으로 국가가 위기에 처했을 때 전혀 의병을 일으키지 않았다. 오히려 일부는 적들에게 협조하기까지 했다. 임진왜란 당시 함흥의 생원 진대유는 일본인에게 딸을 시집보냈고, 함흥의 문관인 한인록과 문덕규는 자신의 아버지가 의병을 일으키려 하자 적에게 밀고해 의병 모의에 가담했던 이들을 몰살시키기도 했다. 뿐만 아니라 이 지역 백성들은 선조의 큰아들 임해군을 붙잡아 일본군에 넘기기까지 했다.

그런데, 사실 서북지역 무사들은 압록강과 두만강 건너에 있는 여진족들과 평생 싸우면서 살아온 사람들이었다. 그러다보니 실진 무예 능력이 출중한 무사들이 대대로 배출되어 왔다. 국가 지도자라면 이들을 대거 받아들여 조선의 국방을 강화해야 했다. 그런데 세조는 개인적인 분노 때문에 국가 전체의 국방을 지켜내지 못한 잘못을 저지른 것이다.

그래서 나는 조선의 국왕이 되자마자 서북지역 무사들의 무과시험 응시 금지를 풀어주었다. 당시 신하들은 이미 몇 백 년이나 내려온 중요한 금지령을 전하가 갑자기 혁파할 수 없다고 반발이 심했다. 그들의 속내는 서북지역 무사들이 무과시험을 볼 수 있게 되면 자신의 자식들이 무과에 진출할 가능성이 적어지기 때문에 기득권을 유지하기 위해 반대를 하는 것이었다.

이재명에게 보내는 정조의 편지

물론 명분은 조선 초기부터 있던 법을 혁파해서는 안 된다는 것이었다. 그렇기에 나는 이러한 저항에 단호히 대처하여 서북 지역 무사들에 대한 차별을 철폐했다.

영남지역 남인들의 문과시험 응시 금지는 나의 할아버지 영조가 만든 것이었다. 할아버지가 조선의 국왕이 되었을 때 영남지역에서 이상한 이야기들이 돌았다. 할아버지가 형인 경종을 독살하고 조선의 국왕이 되었다는 것이었다. 이러한 소문 때문에 영남지역의 남인들이 충청도 지역의 이인좌와 연대하여 민란民亂을 일으켰다. 후세인들은 이 민란을 이인좌가 일으켰다고 해서 '이인좌의 난'이라고도 하고, 무신년戊申年에 일어났다고 해서 무신란이라고도 한다.

결국 난은 평정되었지만, 내 할아버지는 앞서의 세조와 마찬가지로 분노를 금치 못했다. 그래서 영남지역 남인들 전체를 대상으로 문과시험을 보지 못하게 했다. 영남지역은 남인 이외에 노론이나 소론은 거의 존재하지 않는 지역이다.

영남지역은 잘 알다시피 퇴계 이황의 학문적 후예들이 많이 살고 있는 지역이다. 그대의 고향이 안동 예안인데, 바로 퇴계 이황이 예안 사람이다. 퇴계는 성균관 대사성을 지내고 고향으로 돌아가 예안에서 도산서원을 만들어 제자들을 양성하였다. 도선서원 설립 이전에 키운 제자들만 해도 학봉 김성일, 서애 유성룡, 여헌 장현광 등 이루 셀 수 없이 많다. 조선의 역사에서도 가장 뛰어난 학자와 관료들이 대부분 퇴계의 제자들인데, 이 사람들의 후예들이 모두 영조의 잘못된 판단과 분노 때문에 문과시험을 못 보게 되었다. 하지만 이 지역에 얼마나 많은 인재들이 있었겠는가.

이는 지역 차별과 당파끼리의 분쟁이기도 했다. 그래서 나는 이 문제를 해결하지 않으면 조선을 발전시킬 수도 없고, 사람들을 화합시킬 수도 없다고 판단했다. 그런 이유로 나는 할아버지가 금지시킨 이 악법을 48년 만에 혁파했다. 정말 대단한 일을 했다고 생각한다. 나의 이 결단으로 영남지역 남인들이 드디어 문과시험에 응시할 수 있게 된 것이다.

이때 처음 과거시험에 응시한 약관 20살의 경주 문인 최벽은 장원급제를 했다. 최벽의 조카가 바로 동학을 창시한 수운 최제우이다. 이 또한 기막힌 인연이라고 하겠다.

지역 차별을 극복하는 정책을 수립하는 것은 국가 발전의 기반이다. 나는 이것을 정확히 인식했다. 그대도 이를 정확하게 알고 있을 것이다. 지금까지 민주 진영의 대통령이었던 김대중, 노무현과 지금의 문재인 모두 지역 갈등을 해소하려는 노력을 했다.

그런데 우리가 노력한 만큼 갈등이 해소되었다고 할 수 없다. 지금도 영호남의 갈등은 심각한 수준이다. 게다가 그대는 현재 대한민국에서 가장 보수적이라는 영남 안동 출신이다. 안동 출신으로 진보적 삶을 살아온 그대가 나서서 어떻게 하면 호남과 영남 그리고 충청 지역을 화합하게 할 것인가의 고민을 해야 할 것이다.

10

거중기와 첨단 과학기술 육성

혹시 거중기라고 들어본 적 있는가? 잘 알고 있다고? 그렇다면 참 고마운 일이다.

사실 거중기는 내가 만든 것은 아니다. 사랑하는 신하 정약용이 만들었다. 거중기 이야기를 하는 것은 그대가 대통령 선거 출마 선언문에서 첨단 과학기술을 육성한다고 해서이다.

첨단 과학기술 육성은 너무도 중요한 과업이다. 지금의 세계는 내가 다스리던 조선시대와는 달리 엄청나게 변하고 있고, 이러한 변화는 과학기술이 주도하고 있다고 해도 과언이 아니기 때문이다.

이재명에게 보내는 정조의 편지

과학기술은 경제적 기반이기도 하다. 하이테크 산업이라는 항공산업과 우주산업 그리고 인공지능산업 등이 모두 첨단 과학기술을 바탕으로 활성화되고, 이것이 엄청난 부가가치를 올려 국가의 경제발전을 이루고 있다. 그러니 당연히 과학기술의 발전은 너무도 중요하다.

조선은 세종대왕 시절만 하더라도 과학기술에 대한 관심이 매우 컸었다. 그런데, 성리학이 발전하고 심성론이 조선 사대부들에게 중요하게 대두되면서 자연스럽게 과학기술에 대한 관심이 약해졌다. 성리학은 자연에 대한 객관적인 탐색을 별로 중요하게 생각하지 않았다. 또한 성리학에서 기술은 말단인 것으로 천시되면서 자연스럽게 과학기술자에 대한 천시도 같이 이루어졌다. 성리학의 폐단 중에서 가장 큰 것이 바로 과학기술에 대한 무관심이 아니었나 싶다.

그런데 숙종 시대 이후부터 중국으로 간 연행사들이 서양의 선교사들을 만나면서 과학기술에 대한 관심이 생기기 시작했다. 조선 내부에서 서양의 학문을 이야기를 하는 것은 거의 금기였지만 북경에 가서 서양 선교사를 만나지 않으면 무능한 선비라는 인식도 같이 있었다. 따라서 너도 나도 서양 선교사들을 만나러 갔다.

연행사들은 서양 선교사들을 만나 이념의 문제인 예수교에 대한 이야기는 하지 않았다. 대신 주로 서양의 과학기술에 대한 이야기를 하고 왔다. 그들은 서양 선교사들이 보여주는 시계 자명종 등의 신문물 다양한 천문기계를 보고 놀라워했다.

나 역시 서양의 과학기술에 대해 높은 관심을 갖고 있었다. 그런데, 내가 관심을 가지는 분야에도 한계가 있었다. 서양의 과학기술에 대한 관심은 매우 높았지만 유학에 대한 관심 또한 높아서 어떻게 하면 경학經學을 더욱 발전시킬까 하는 고민이 더 컸다. 그래서 국가의 모든 노력을 기울여 서양의 과학기술을 받아들이지 못했다. 이것이 나의 문제였음을 먼저 실토한다.

내가 만일 당시에 청나라 건륭제처럼 서양의 과학기술을 받아들였다면 조선이 얼마나 어떻게 발전했을지 모르겠다. 하지만 그렇게 하지 못했기 때문에 후손들에게 미안하다. 그럼에도 나는 조선의 다른 국왕들에 비해 서양의 과학기술 및 조선 내부의 과학기술 발전에 월등한 관심을 갖고 있었다.

내가 국왕으로 있던 시기에 발전시켰던 첨단 과학기술은 뭐가 있을까? 당시로 보자면 수원 화성 축성을 위해 만들어진 거중기와 녹로 유형거 등을 들 수 있겠다. 그래서인지 그대가 좋아하고 존경한다는 노무현 대통령 시절 국가 100대 문화상징을 제정할 때 유네스코에 세계문화유산으로 등재된 수원 화성이 '과학문명상징'으로 지정되었다. 이 소식을 듣고 나는 후손들의 현명한 판단에 대견하고 흐뭇했다. 그러니 그대도 과학문명의 상징인 수원 화성을 더 깊이 들여다보기 바란다. 사실 이런 충고가 필요 없다는 것도 알고 있다. 그대가 지금 거처하고 있는 경기도지사 공관이 수원 화성과 붙어 있으니 매일 화성을 볼 것이고, 수원 화성의 상징과도 같은 화성장대를 보면서 이미 느끼는 점이 많을 것이다.

나는 조선의 국왕으로 재임하는 동안 과학기술을 발전시키고 싶었다. 그래서 청나라로부터 서양의 중요한 과학기술 서적들을 수입하여 연구하게 하였다. 따라서 나의 시대에는 조정 관료들 중에 서학책을 읽어보지 않은 사람이 없을 정도였다. 서양의 과학기술 서적을 수입하여 읽으면서 어떻게 하면 실용적으로 국가를 발전시킬 것인가에 대한 고민을 많이 했다.

그럼에도 서양의 과학기술자들을 초청하자는 박제가의 제안을 수용하지 못한 한계도 있었다. 만약 당시 박제가의 제안을 받아들였다면 조선의 과학기술은 청나라를 능가할 정도가 되어 부강한 나라가 되었을 것이다. 하지만 서학을 반대하는 기득권 세력을 설득할 힘과 용기가 없어서 그 일을 추진하지 못했다. 나의 패착이었다. 그래서 내가 이 두 가지 이야기를 할 테니 그대는 나와 같은 실수를 하지 않기를 바란다.

나는 즉위 이전부터 청나라 건륭제가 《사고전서》四庫全書를 간행한다는 이야기를 들었다. 나는 책을 좋아하지만 이 전집에 관심을 가진 것은 단순히 내가 읽고 싶어서가 아니었다. 이 《사고전서》는 중국뿐만이 아니라 전 세계의 중요한 서적들을 함께 간행한다고 해서 새로운 세상의 지식을 얻고 싶은 마음에 관심을 갖게 된 것이다.

　　이후 내가 국왕으로 즉위하고 나서 연행 사신단을 구성할 때 이 책을 구입할 수 있는 능력을 갖춘 이들을 포함시켰다. 바로 이덕무와 박제가였다. 그들은 내가 인정하는 당대 최고의 학자들이었다. 나는 그들에게 북경의 유리창에 가서 《사고전서》를 구입해오라고 지시했다. 만약 그때까지 《사고전서》가 간행되지 않았다면 대신 《고금도서집성》古今圖書集成을 사가지고 오라고 했다.

　　이덕무와 박제가는 중국에서 나오는 모든 책을 판다는 유리창에 가서 《사고전서》를 구입하려고 하였다. 하지만 아직 중국 조정에서도 책을 간행하지 못했기에 대신 내가 말한 《고금도서집성》을 구입했다.

　　《고금도서집성》은 말 그대로 옛날과 지금의 책을 모두 집성했다는 어마어마한 문집이다. 그걸 구입해서 말등마다 책 상자를 가득가득 실었는데, 무려 600여 마리나 되는 말에 책을 신고 압록강을 건넜으니 참으로 대단한 일이 아닐 수 없었다.

600여 마리의 말에 이르는 거대한 행렬이 압록강을 건너 조선 땅으로 들어오는 광경을 상상해보라. 이는 단순히 책을 싣고 오는 말의 행렬이 아니라 새로운 문명이 들어오는 것이었다.

이 《고금도서집성》의 수입은 우리의 문화를 한 단계 끌어올리는 데 결정적 기여를 했다. 나의 시대를 조선의 문예부흥의 시대라고 하는데, 만약 즉위 초반에 이 책을 수입하지 않았다면 불가능한 일이었다. 그러니 그대도 대통령이 되어 하고자 하는 일이 있다면 집권 초반에 강하고 빠르게 추진해야 결실을 얻을 수 있을 것이다.

이때 《고금도서집성》을 파는 유리창의 서점 주인이 박제가에게 이런 말을 했다고 한다.

> "조선이 문명국가인 줄 알았는데, 이제 겨우 《고금도서집성》 한 질을 구입해 가는군요. 당신들이 미개하다고 이야기하는 일본은 벌써 10년 전에 두 질을 구입해 갔는데 말이에요."

나는 박제가에게 이 이야기를 듣고 부끄러워서 몸 둘 바를 몰랐다. 우리는 문명국가라고 외치면서도 실용적 학문을 이야기하지 않고 오로지 자신들의 당파를 위한 허상의 학문만을 이야기해 왔다. 장례를 치르는데 삼베는 거친 삼베를 쓰느냐, 다듬어진 삼베를 쓰느냐. 옷깃은 길이를 얼마로 하느냐, 상복을 입는 장례 기간을 얼마로 하느냐는 문제로 싸웠다. 이는 백성들의 삶에 아무런 도움이 되지 않는 것이다. 나도 유학을 공부한 사람이지만 백성들을 위한 실용 학문을 공부하지 않고 오로지 양반 사대부들의 입맛에 맞는 공부만 했으니, 나라가 발전될 리가 없었다. 훗날 일본이 우리 조선을 침탈하고 지배할 수 있었던 힘은 바로 새로운 선진 문물을 우리보다도 더욱 적극적으로 받아들인 것도 한 몫 했다고 생각한다.

이들이 가져온 《고금도서집성》에는 《기기도설》奇器圖說이란 책이 포함돼 있었다. 청나라 이전 명나라 시절에 서양의 선교사로 왔던 등옥함鄧玉函(요한 테렌츠 슈렉Johann Terrenz Schreck)이란 신부가 지은 책이다. 이 책은 서양의 기중기, 즉 크레인의 제작 기술이 담긴 책이다. 여러 개의 기중기가 그려져 있고, 그것을 만들 수 있는 기법도 적혀 있다.

이 책을 쓴 등옥함은 알고 보니 그 유명한 갈릴레오 갈릴레이라는 사람의 제자였다. 이 사람은 자기의 스승 갈릴레오 갈릴레이가 만든 크레인 제작 책을 가지고 명나라로 와서 라틴어를 한자로 바꾸고, 그림에 나오는 서양 사람들을 중국 사람으로 바꾸어 책을 간행했다. 그리고 이름을 《기기도설》奇器圖說이라고 했다. 기기도설, 말 그대로 기이한 기계를 만들 수 있는 그림과 설명이 담긴 책이었다.

나는 화성 축성을 기획하면서 이 책을 정약용에게 주었다. 처음에 정약용이 화성 축성 기획을 해왔을 때, 모든 것이 다 마음에 들었지만 축성에 사용할 도구를 만들지 않은 문제가 있었다. 나는 이 책을 기억하고 있다가 정약용에게 은밀히 내려 보냈다.

정약용은 이 책을 깊이 있게 공부했다. 부친 정재원의 상중에 있던 정약용에게 수원 화성 축성 기획과 설계를 하게 한 것은 그가 일찍부터 토목학·건축학 등 실용적인 학문을 공부했기 때문이었다. 또한 정약용은 천문학과 의학에도 출중한 재능이 있었다. 백성을 위한 실질적인 공부를 매우 중요하게 생각한 사람이었기 때문에 그를 총애하고 중책을 맡긴 것이다.

정약용은 나의 기대를 저버리지 않았다. 그는 《기기도설》에 나오는 여러 기중기를 잘 연구한 다음 우리 조선의 기법으로 전환하여 제작을 했다. 《기기도설》에 나오는 기중기는 서양의 것이었기에 모두 톱니바퀴를 사용했다. 그런데 정약용은 우리 전통의 도르래를 이용하여 거중기와 녹로를 만들었다. 정약용의 〈성설〉城說에 보면 도르래를 하나 사용하면 무게를 반으로 줄일 수 있으므로 여러 도르래를 사용하면 엄청난 무게의 돌도 가볍게 들어 올릴 수 있다고 했다. 참으로 현명한 생각이었다. 그래서 거중기는 무려 7톤의 돌을 들어 올릴 수 있는 능력을 갖추었다.

이 거중기와 녹로로 인해 화성 축성은 무려 10년은 걸릴 것이라 예상한 것이 2년 9개월 만에 끝났다. 그리고 돌을 들어 올리고 성을 쌓다가 비록 다친 사람은 있어도 단 한 명도 죽지 않았다. 과학기술이 준 엄청난 효과였다. 게다가 축성 비용도 크게 절감해 주었다.

나는 화성 축성이 끝난 후 정약용을 격려했다. "네가 거중기를 만들어 무려 4만 냥이나 절감을 했다."

이렇게 기기도설을 수입해 조선의 현실에 맞게 기계를 새로 개발하고 축성 도구로 사용하게 한 것은 나의 공로라는 자랑일 수 있다. 그렇지만 이것이 조선의 문명을 발전시킨 것도 분명한 사실이다.

그럼에도 나는 부끄러운 일을 고백하지 않을 수 없다. 내가 이렇게 나의 부족함을 고백하는 것은 그대가 나의 실수를 되풀이 하지 않기를 바라는 마음 때문이다.

나는 즉위 10년이 되는 해에 조정의 모든 신하들에게 나라의 발전을 위해 자신들이 평소 생각한 개혁 방안을 제안해 달라고 주문했다. 나에 대한 문제를 이야기해도 절대로 비난하거나 벌을 주지 않겠다는 단서도 달았다. 실제 이때 나에 대한 비난의 글도 올라왔지만 나는 이것을 전혀 탓하지 않았다. 그대도 이런 나의 행동을 받아들여 다양한 세력으로부터 국가 발전의 의견을 듣기를 바란다.

그때 박제가가 글을 올렸다. 아주 파격적인 내용이었다. 박제가는 북경에 여러 차례 다녀온 인물이다. 때문에 서양 선교사들과도 자주 접촉했고, 그들의 실상을 알고 있었다.

당시 북경에 있는 서양선교사들은 대부분 예수회 소속이었는데, 이들은 로마 교황청에서 소환을 해서 중국을 떠나야 했다. 로마 교황청은 예수회 소속의 선교사들이 천주교의 원칙적인 교리를 배제하고 융통성 있게 현지에서 활동하는 것을 원하지 않았다. 예를 들자면 예수회 소속 선교사들은 유교 문화를 이해하면서 조상들에 대한 제사를 허용해주었는데, 로마 교황청은 이를 이단이라고 생각한 것이다. 그래서 예수회 소속 신부들을 모두 불러들이고 대신 원론적인 신부들을 중국에 파견을 했다. 이 영향이 나중에 우리 조선에까지 미쳐서 제사 금지로 인하여 천주교가 탄압을 받게 된 것이다.

박제가의 제안은 이들 서양 선교사들을 조선으로 불러 들이자는 것이었다. 서양 선교사들이 북경의 흠천각이란 천문 연구기관에 근무하면서 서양의 과학기술을 중국에 소개하고 있으니, 이들을 조선으로 초청하여 우리도 관상감에 이들을 배치하여 서양의 과학기술을 적극 도입하자는 것이었다. 너무도 좋은 제안이었다.

박제가는 이 제안을 하면서 나의 용기를 거론했다. "전하께서는 서학西學을 반대하는 이들과 싸워서 서양 선교사들을 받아들일 용기가 없다"고 질타하면서 반드시 서양 선교사들을 받아들여서 우리 조선을 발전시켜야 한다고 주장했다.

나도 정말 그렇게 하고 싶었다. 그런데 조정의 관료만이 아니라 조선의 양반 사대부들이 모두 반대를 하고 나서니 그들을 막을 자신이 없었다. 서양 선교사들을 받아들여 과학기술 수준을 높이는 것이 조선을 위해 중요한 일이었지만, 나는 그 일을 추진하지 못했다. 박제가의 말대로 나는 용기가 없었던 것이다.

이것이 내가 조선의 군주로서 가장 잘못한 일 중의 하나다. 그러니 그대는 나와 같은 용기 없는 지도자가 되지 않기 바란다.

11

대유둔 개발과 삶의 질 보장

내가 가장 좋아하는 인물 중의 한 명이 맹자孟子이다. 그런데, 내가 살아 있을 때 신하들이 누구를 가장 존경하느냐고 물어보면 주저하지 않고 주자朱子라고 이야기했다. 그러나 이는 나의 본심이 아니었다. 나는 주자를 존중하지만 솔직히 가장 존경한 인물은 아니었다.

내가 속내를 숨기고 주자를 존중한다고 한 것에는 이유가 있다. 당시에는 주자도통주의朱子道統主義가 판을 치고 있고, 대부분의 사대부들이 주자를 존숭하고 있었기 때문이다. 그래서 어쩔 수 없이 주자를 존중한다고 이야기했었다. 솔직하지 못한 태도였다. 그대처럼 솔직하고 시원하게 대답했어야 했는데, 그렇게 하지 못했다. 주류를 이루고 있는 사대부들과의 관계를 잘 맺지 못하면 정사를 제대로 펼칠 수 없는 상황이었다. 그러니 조금은 이해를 해주기 바란다.

내가 맹자를 존중한 이유는 그의 사상 때문이었다. 맹자는 무척이나 개혁 성향이 강한 분이었다. 군주가 잘못하면 백성들이 군주를 교체할 수도 있다는 혁명론을 주장한 분이었다. 그래서 많은 국왕들의 그의 사상을 두려워하였지만 나는 그분의 개혁성을 받아들이려 하였다.

내가 그분의 말씀 중에 가장 귀하게 생각하는 것이 바로 '유항산 유항심'有恒產 有恒心이었다. 즉 일정 정도의 생산(재산 혹은 자산)이 있어야 올바른 마음이 있다는 것이다. 다시 이야기하자면 백성들이 먹고 사는 것이 우선 해결되어야 올바른 생각을 가지고 올바른 정치를 할 수 있다는 것이다.

나는 개혁을 추진함에 있어 백성들이 도덕적으로 교화되고 아름다운 생각을 지니기 위해서는 반드시 그들이 먹고 살 수 있는 경제적 문제부터 해결하는 것이 우선이라고 생각했다. 백성들의 것을 털끝만큼도 다치지 않고 백성들의 물건을 하나도 거두지 않으면서 토지 없는 백성에게 토지를 주고 식량 없는 백성들에게 식량을 주어 백성은 안락하게 살고 나라의 재정은 튼튼히 하고 싶었다. 그래서 혈맥이 터지기 직전의 동맥경화로 목

이재명에게 보내는 정조의 편지

숨이 위태로운 나라를 구제하고 개혁하고 싶었다.

나에게 개혁의 방향을 알려준 사람이 있다. 후세 사람들은 거의 모르는 인물이다. 그는 윤면동尹冕東이란 인물이다. 내가 할아버지 영조의 3년상을 마치고 국가운영의 큰 방침을 정할 때 결정적인 조언을 해준 인물이다.

당시 나는 어려운 나라 형편과 기득권들의 횡포, 그리고 일부 가진 자들의 사치풍조로 인해 사회가 점점 변질되어 나가는 것을 무척이나 우려하고 있었다. 그래서 사회를 올바르게 다시 바로세우기 위해 인재 양성과 군대의 개혁, 재정의 확보와 경제의 활성화를 추진하고자 했다. 그때 윤면동은 나에게 개혁에 대해 이렇게 주장했다.

"개혁해서 백성이 좋아하면 개혁하고, 개혁해서 백성이 좋아하지 않으면 개혁하지 말아야 하며, 개혁하는데 소란이 없으면 개혁하고, 개혁하는데 문제가 많으면 개혁하지 말아야 합니다."

이 어찌 정곡을 찌르는 말이 아닌가! 나는 백성들이 개혁을 원하고 있다는 것을 알고 있었다. 그 개혁의 내용은 바로 경제적으로 안정되게 살아갈 수 있는 농토를 확보해 주고, 비바람을 피할 수 있는 집을 마련해 달라는 것이었다.

내가 국왕으로 있을 전후에 조선의 현실은 매우 비참했다. 농사를 지을 땅이 없어 고향을 떠나 유리걸식하는 백성들이 무려 1할이 넘을 정도였다. 열 명 중 한 명은 집도 없이 떠돌면서 날품팔이를 하거나 동냥을 해서 먹고 살아가는 현실이었다. 애초부터 가난한 이들도 있었고, 전염병과 흉년으로 가족을 잃거나 땅을 잃은 사람들도 있고, 지주들의 횡포에 못 이겨 고향을 떠나 돌아다니는 이들도 있었다. 중요한 것은 이렇게 비극적인 삶을 살아가는 백성들을 위한 경제 개혁을 할 수 있는 정책을 만들어 내지 못하고 있는 것이다.

그대가 살고 있는 21세기 대한민국에서도 직장을 잃고 집을 빼앗겨 살아갈 수 없는 사람들이 한둘이 아니지 않은가? 그들에게 일자리를 마련해주고 살아갈 수 있는 주택을 공급해주는 것이 참다운 지도자의 역할이 아닌가.

나는 이 문제를 어떻게 해결할 것인가를 동궁 시절부터 깊이 고민했었다. 백성들이 행복하기 살아가기 위해서 가장 중요한 것은 역시 농사를 안정되게 지을 수 있는 기반을 마련하는 것이었다. 그 땅이 비록 나의 소유가 아니어도 평생 계약 관계를 통해 안정되게 농사를 지을 수 있다면 백성들은 열심히 농사짓고 행복하게 살아갈 수 있기 때문이다. 어쨌든 나는 조선의 군주로서 이러한 농토를 마련하는 일을 기획하였다.

이재명에게 보내는 정조의 편지

이때 나는 하나의 문제를 해결하면서 또 다른 문제까지 동시에 해결할 수 있는 묘수를 생각했다. 토지 없는 백성들에게 농사를 짓게 하는 것과 함께 백성들이 군역의 의무를 대신하기 위한 군포 납부의 폐단을 동시에 해결할 방안이 무엇인가를 생각한 것이다.

당시에는 군포를 납부하는 일이 백성들 사이에서 가장 힘든 일이었다. 내가 살던 조선시대는 양반 사대부·노비·천민을 제외한 일반 백성들에게 16세부터 60세까지 군역^{軍役}의 의무가 있었다.

당시 백성들은 농번기가 지나고 겨울철인 농한기가 되면 군대에 가서 성곽을 지키거나 군사훈련을 받아야 했다. 중국과 조선의 고대 제도였던 병농일치^{兵農一致}를 위해서였다. 농사를 짓는 농부들이 한가할 때 군사훈련을 받아 지역을 지킨다는 병농일치는 동양에서 가장 이상적인 제도라고 생각하는 것이었다.

중요한 것은 농사를 짓는 백성들이 겨울철이라고 해서 한가하지 않다는 것이다. 다음해 농사를 위한 준비를 하는 것만도 무척 바빴다. 그리고 성곽을 지키고 보수하러 갈 때면 자신이 먹을 식량은 본인이 가지고 가야 했다. 그러니 국가로부터 받은 의무인 군역을 하고 싶은 생각이 들겠는가. 그러나 조정에서는 16~60세의 양인들이 군역의 의무를 이행하지 않으려면 군포^軍

布, 즉 삼베 혹은 목면 두 필을 국가에 바치게 했다.

그런데 당시의 기준으로 목면 두 필은 엄청난 금액이었다. 이 금액을 감당하기가 어려웠기 때문에 나의 할아버지 영조는 특별한 정책을 만들었다. 바로 균역법이란 법을 만들어서 군포를 한 필만 바치게 한 것이다. 단 기존에 제외되었던 양반 사대부들도 백성들과 똑같이 군포를 내야 한다는 것이다. 이는 영조 대왕의 탁월한 생각이었다. 동시에 그분의 오판이기도 했다.

영조는 국왕인 자신이 명령을 하면 양반 사대부들이 순순이 따를 것이라 생각했다. 그러나 동서고금을 막론하고 기득권 자들은 자기들에게 불리한 것이면 처음에는 명을 따르는 것처럼 행동하다가 슬금슬금 정책을 무력화시켜 버린다. 조선의 양반들도 그랬다. 공부를 하는 학생들은 군역을 면제한다는 당대 규정을 들어 양반 사대부들 대부분이 교육기관인 서원에 학생으로 등록하여 군역을 면제받았다. 참으로 교묘한 대응이 아닐 수 없었다. 돈과 권력을 충분히 가지고 있는 양반 사대부들이 국가에 세금을 내지 않으려고 편법을 쓰는 것은 아무리 생각해도 용납하기 힘든 일이다. 또한 그들의 속성을 적나라하게 보여주는 모습이다. 세월이 흘렀다고 해서 몇 백 년 뒤의 후손들 역시 그러지 않는다는 보장이 없다. 이러한 양반 사대부들의 편법으로 국가는 군대를 운영할 수 있는 재정을 담보하기 힘든 상

이재명에게 보내는 정조의 편지

황이 되었다.

그러자 지방 고을의 수령과 향리들은 가난하고 힘없는 백성들에게 군포를 더 거두는 방법을 선택했다. 힘 있는 양반들에게는 꼼짝도 못하고 힘없는 백성들만 괴롭히는 상황이 된 것이다. 백골징포白骨徵布·황구첨정黃口簽丁 등의 말이 있다. 백골징포란 이미 죽은 사람에게 군포를 부과하는 것이고, 황구첨정은 갓 태어난 어린 아기와 16세가 되지 않은 소년들에게 군포를 부과하는 것이다. 법으로 제정되지 않은 것을 국가재정 안정을 위한다는 명목으로 불법을 자행한 것이다. 그러니 백성들은 과도한 세금으로 어려운 처지에 놓이게 되었고, 결국 고향을 떠나 유리걸식하는 사람들이 늘어나게 되었다.

이처럼 안타까운 현실은 나의 시대에도 여전했다. 그래서 나는 고통스러운 백성들의 삶을 한 번에 해결할 수 있는 묘책이 무엇인가를 진지하게 고민했다. 선대 스물한 명의 국왕들이 해결하지 못한 군포를 중심으로 하는 세금 완화정책 내지는 세금의 전면 폐지정책을 고민한 것이다.

이러한 고민을 하던 나는 최고의 묘책을 생각해냈다. 군사력을 키우고, 백성들의 세금부담도 줄이고, 거기에서 더 나아가 국가 재정도 안정시키는 방법. 요즘 유행하는 일거다득一擧多得의 '신의 한 수'였다. 그것이 바로 대유둔大有屯이라고도 불리는 대유평^{大有坪}을 만드는 일이었다. 조선시대 개혁의 서막을 대유평으로 부터 시작한 것이다.

나는 어머니 혜경궁의 회갑연을 수원 화성에서 개최하기로 결정했고, 이를 위하여 10만 냥이라는 거금을 준비했다. 8일 간의 모든 행사를 마치고 보니 2만 냥이 남았다. 나는 이 중 1만 냥은 제주도 기근을 해결하기 위하여 보냈다. 나머지 1만 냥은 나의 개혁 구상을 실천하기 위하여 수원 북쪽의 넓은 들판에 저수지를 만들고, 국영농장을 조성했다. 이 저수지가 바로 지금의 수성고등학교 인근의 만석거이고, 그 국영농장이 바로 대유평이었다.

화성의 생산기반이자 유지비용을 마련하기 위한 토대로 만든 만석거는 둘레 1022보^步 규모로, 1795년 5월 18일 완공되었다. 100여 석락^{石落} 규모의 둔전에서는 그해부터 경작이 시작되었다. 내가 저수지의 이름을 만석거라 지은 것은 이곳에서 쌀 만 석을 생산해서 백성들이 풍요롭게 먹고 살게 하겠다는 의미였다. 다른 또 하나는 바로 황제만이 사용할 수 있는 만^萬자를 사용함으로써 자주국가를 천명하고자 함이었다.

그해 전국이 가뭄이 들어 흉년을 맞이했음에도 이곳에서는 만석거에서 안정되게 물을 공급받아서 대풍을 이루었다. 그와 더불어 대유둔에서 수차^{水車}를 사용하였다. 수차의 사용으로 높고 낮은 곳에 모두 물을 공급할 수 있었다. 이 수차는 장용영에서 다수 제작하여 보관하고 사용하게 하였다. 백성들은 가뭄에도 물 걱정을 하지 않고 농사를 지을 수 있는 만석거 같은 저수지를 만들어 달라고 조정에 요청하기도 했다.

만석거 일대의 농사를 지을 수 있는 넓은 땅을 대유평 혹은 대유둔이라 불렀다. 대유둔 전체는 국가 소유의 논으로, 토지가 없는 아전과 관의 노비, 성 안의 백성들에게 농사를 지을 수 있을 만큼의 땅을 나누어 주고 농사를 짓게 하였다.

땅만 임대해 준 것이 아니었다. 종자도 나누어주고 소도 주어 농사를 도왔다. 그리고 모든 농기구를 무상으로 빌려주었고, 집이 없는 백성들에게는 화성유수부에서 주택을 주어 거주하게 하였다. 현대적 개념으로 하자면 무상으로 주택을 주는 공공임대를 한 것이라고 할 수 있다. 그리고 이곳에서 얻은 수확의 60%는 개인이 가지고, 나머지 40%는 화성유수부에 세금으로 내게 했다. 그 세금으로 화성에 주둔했던 장용영외영의 군사들의 월급을 주었다.

이렇게 장용영 군사들의 월급을 주게 되니 조선 백성들이 가장 고통스러워하던 군포 납부를 하지 않아도 되었다. 조선에서 가장 잘못된 폐단이 사라진 것이다. 그리고 나는 이곳에서의 성공을 전 조선에 보급하려고 하였다. 이것이야말로 참된 개혁이었다.

수십만 평에 이르는 대유둔을 운영하기 위하여 나는 '대유둔도감'大有屯都監이라는 기관을 설치하였다. '대유눈도감'의 최고 책임자는 '둔도감'이라고 하여 화성에 거주하는 양반 중에서 1인을 화성유수가 임명하게 하였다. 둔도감을 돕는 대유둔 부책임자인 '도감'은 화성에 주둔하는 장용영외영의 장교 중 한 명을 역시 화성유수가 임명하게 하였다. 그런데 기존의 관행을 깨고 실제 대유둔을 운영하는 주체인 '마름'은 대유둔에서 농사를 짓는 백성들이 직접 의견을 모아 가장 현명한 사람을 뽑게 했다. 백성들의 의견을 존중하여 그들이 직접 운영 주체를 선발하게 한 것이다. 화성유수가 자신의 측근을 임명할 수도 있었는데, 백성들의 의견을 존중하는 현대적 민주주의 제도를 운영한 것이다.

여기에 더해 나는 이들에게도 노동의 대가를 정당하게 지급하고자 했다. 그래서 양반인 둔도감에게는 매달 쌀 1가마를 지급하고, 장교인 도감에게도 매달 쌀 1가마를 지급하였다. 마름에게는 특별히 매달 쌀 2가마를 지급하였다. 양반과 장교에게 지급하는 급여보다 배나 되는 쌀을 지급한 것이다. 나는 실제 일하는 사람들을 더욱 중요하게 여기고, 그들이 하는 일에 정당한 대우를 해주어야 한다고 생각했다. 그래서 마름은 더욱 열심히 일을 하였고, 대유둔의 수확은 날로 늘어났다. 이것이 바로 농업의 개혁이자 군대 문제의 개혁이었다. 이로써 토지 없는 백성들도 안정되게 살아갈 수 있었고, 유리걸식하던 이들이 모두 집에서 안락하게 살아갈 수 있게 되었다.

나는 앞서의 이야기처럼 대유평의 여러 가지 내용을 조선 8도에 보급하여 모든 지역에서 이와 같은 국영농장 체제를 만들고자 했다. 이를 시범적으로 시행한 수원에는 무려 3곳의 저수지와 국영농장을 만들어 운영했다. 아쉬운 것은 내가 죽은 이후에 세도정치가 나타나 이러한 개혁을 이어받지 않았다는 것이다. 하늘에서 가장 통탄하는 일이 바로 이것이다.

어쩌면 이것도 나의 잘못일 수도 있다. 현대인들이 이야기하는 시스템 구축을 하지 못한 것이다. 나는 비판을 달게 받고 모두 다 잘했다고 고집하지 않겠다. 그러니 그대도 나의 잘한 것은 계승하고, 내가 잘못한 것은 비판하고 보완하여 정책을 만들어 주기 바란다.

12

엄격한 법 집행과 부정부패 척결

법이란 백성들에게 도움을 주는 것인가? 아니면 백성들에게 고통을 주는 것인가? 돈이 없는 자에게는 죄가 주어지고, 돈이 있는 자는 죄를 지어도 죄가 주어지지 않는다고 하니 이 어찌 가슴 아프지 않겠는가?

하늘에서 지금의 시대를 내려다보니 그저 한숨만 나올 뿐이다. 법을 가지고 자신들만의 세상을 만들고, 이를 이용하여 엄청난 권력을 누리고 있는 자들이 내 후손들이 살고 있는 대한민국 땅에 가득하니 나는 그저 눈물만 나올 뿐이다.

도대체 검찰이란 조직이 무엇이고, 그 조직 안에 있는 검사

이재명에게 보내는 정조의 편지

들은 어떤 자들인가? 억울한 이들을 보호해주어야 할 자들이 자기들의 이익을 위해 그 엄청난 권력을 사용하고, 공정을 이야기하면서 철저히 권력을 남용하는 불공정의 시대를 만들어 가고 있으니 이 어찌 기가 막힌 일이 아닌가!

나는 최소한 힘 있는 자들이 법을 이용해 자기들의 이익을 늘리게 놔두지는 않았다. 대신 법을 통해 권력을 가지고 있는 자들이 백성들을 고통에 빠뜨리거나 아니면 더 큰 권력을 얻기 위해 잘못한 행동을 하면 나와 아무리 가까운 사이였더라도 냉정하게 처단했다.

나는 즉위 직후부터 관리들의 부정부패를 없애기 위해 '절사경보민산^{絶私選保民産}'(사사로운 일을 끊고, 백성의 재산을 보호한다) 6글자를 부신^{符信}(국왕의 신표)으로 만들어 조정의 문서마다 찍어주었다. 물론 나의 그와 같은 강력한 의지에도 권력기관에 있는 자들의 부정부패 직권남용 행위는 이어졌다. 그러나 지속된 강력한 의지와 법 집행으로 관료들의 부정부패 행위는 많이 근절되었다.

그래서 나는 그대에게 내가 부정한 행위를 근절하기 위해 단호하게 법을 집행한 이야기를 하고자 한다. 그리고 나 역시 안타깝게도 나를 국왕으로 만들어준 이에게 원칙적으로 법의 심판을 내리지 못했던 한계가 있었다. 내 국왕 인생에서 가장 뼈아픈 일이었고, 나는 이 일을 인정하고 이에 대한 송구함을 표할 생각이다.

1794년(정조 18년) 가을, 흉년으로 농사를 망쳐 백성들이 고통에 빠져 있는데 경기도의 여러 수령들이 백성을 돌보지 않고 부정부패를 일삼는다는 소문이 도성에 가득했다. 이처럼 어려운 상황이 되자 수령을 신뢰하지 못하는 백성들이 암행어사를 파견하여 탐관오리를 처단해달라고 조정에 간곡하게 요청하기 시작했다. 그 소식을 들은 나는 11월 초에 젊은 관리들 15명을 은밀히 불러 모았다.

나는 청렴결백한 젊은 관리로 평가받고 있는 그들을 경기도 전역에 암행어사로 보내기로 하였다. 나는 이들에게 철저한 조사를 지시하였다.

"수령의 잘잘못을 규찰하고 백성들의 괴로움을 살피는 것이 어사의 직임이다. 비단옷을 입는 것은 그 은총을 드러내는 것이요, 도끼를 지니는 것은 그 권위를 높이려는 것이다."

이 청년 관리들 중에 서른두 살의 정약용도 포함되어 있었다. 나는 정약용을 참으로 총애했다. 정약용을 좋아하기 시작한 것은 성균관 유생 시절부터이다. 그가 남인임에도 불구하고 퇴계 이황의 학설을 따르지 않고 노론의 사상적 종조인 율곡 이

이의 학설을 받아들여 중용을 해석한 것을 보고나서였다. 이처럼 당파를 초월하여 학문을 해석하는 사람이라면 무척이나 청렴하고 공정한 사람이라고 생각하여 향후 정승으로 키우기로 마음먹었다. 그래서 더 의미 있는 경험을 쌓게 하기 위해 암행어사로 보내기로 했다.

내가 정약용에게 조사하라고 지시한 지역은 경기 북부의 적성, 마전, 연천과 삭녕 등 네 고을이었다. 전직 삭녕군사 강명길과 전직 연천현감 김양직의 부정부패가 극에 달했다는 소문을 들었기 때문이다. 그들은 모두 내가 믿고 아끼어 특별한 배려로 보낸 이들이었는데, 그런 나의 배려나 애정을 생각하지 않고 나쁜 짓을 일삼고 있었던 것이다.

김양직은 마음대로 환곡을 나누어 주어 높은 이자를 받아 자신이 챙겼고, 강명길은 가난한 백성들이 스스로 개간한 화전^{火田}에 높은 세금을 부과하여 착복하였다. 강명길은 부평부사로 자리를 옮기고도 그 못된 행위를 그만두지 않고 더욱 심한 비리를 저지르고 있었다.

정약용은 나에게 이 두 사람의 죄는 도저히 용서할 수 없으니 유배형에 처해야 한다고 상소를 올렸다. 나는 정약용의 상소에 곤혹스러웠다. 이 두 사람은 내가 아끼고 총애하는 관료들이었기 때문이다.

강명길은 왕의 건강을 책임지는 내의원의 태의太醫였다. 강명길은 나의 체질을 가장 잘 알기 때문에 내가 아플 때마다 치료를 전담하다시피 하였다. 과도한 업무와 스트레스로 몸이 좋지 않았던 나는 건강을 지켜준 강명길을 무척 신뢰하였고, 그에 대한 보답으로 수령으로 보냈다. 나의 실수였다.

김양직은 나의 부친인 사도세자의 묘자리인 수원 현륭원의 터를 잡아준 지관地官이었다. 나는 그의 공로에 대한 감사의 표시로 연천현감을 제수했다.

의관과 지관이 고을의 수령으로 임명된 것은 앞선 시절에도 때때로 있는 일이었다. 하지만 내가 이들에게 관직으로 준 것은 개인적인 감정이 개입된 잘못된 인사였다. 나는 이 점을 인정한다.

그런데 이들은 나의 신뢰를 이용하여 엄청난 비리를 저지르며 백성들에게 피눈물을 흘리게 하였다. 이들의 비리를 확인한 정약용은 잘못을 저지른 이들을 유배형에 처해야 한다고 강력하게 주장했다.

"법의 적용은 마땅히 국왕의 가까운 신하로부터 하여야 합니다."

국왕의 측근이 법을 지키지 않거나 법에 따라 처벌받지 않는다면 다른 관료들에게 법을 지키라고 요구할 수도 없고, 관료들의 불법을 처벌하여 국가의 법질서를 확고히 세울 수도 없기 때문이다. 나는 사적 감정을 배제하고 이들을 유배형에 처했다.

이제 내가 인생에서 가장 큰 실수를 한 것을 이야기하겠다. 왕좌에 즉위한 지 3년이 되는 해인 1779년(정조 3년) 9월 28 일, 나를 국왕으로 만든 일등공신인 홍국영의 관직을 회수하고 그에게 도성을 떠나게 하였다. 그가 엄청난 잘못을 저질렀음에 도 불구하고 유배를 보내지 않고 단지 관직만 떼어냈을 따름이 었다. 이는 공정성을 위배한 일이었다.

나는 그날 창덕궁 인정전에서 홍국영에게 지팡이와 나무로 만든 의자를 선물로 주었다. 지팡이와 의자는 주로 70세가 넘 는 정승 급의 은퇴 관료에게 주는 것인데, 나는 이 선물을 불과 33살의 홍국영에게 준 것이다. 홍국영은 머리가 비상한 사람이 어서 내가 지팡이와 의자를 하사한 의미를 알아차렸을 것이다.

나는 그에게 조정에서 더 이상 정치적 행위를 하지 말고 집 으로 돌아가 편하게 쉬라고 권유하였다. 나의 권유는 사실상 명 령이었다. 나의 이 말로 인하여 천하를 쥐락펴락했던 홍국영은 영원히 조정에서 사라지게 되었다.

홍국영은 나를 국왕으로 만들어 준 사람이었다. 나의 아버 지 사도세자를 죽인 세력들이 세손인 나마저 죽이려고 하여 목숨이 위태로운 상황이었을 때 홍국영이 동궁시강원 설서라는 직책에 있으면서 나를 보좌했고, 마침내 내가 조선의 국왕에 오르도록 역할을 하였다.

그 이후 나는 홍국영에게 주요 직책을 주며 조정의 정치를 좌지우지하게 하였다. 홍국영은 정권 창출에 가장 지대한 역할을 한 것이 자신이라고 생각하며 나에게 특별한 자리를 요구하기도 하였다. 무엄한 태도였지만 나는 홍국영에게 도승지와 금위대장, 병조판서와 숙위대장의 지위를 주었다. 또한 모든 신료들을 통제하는 중영대장中營大將으로도 임명했기에 그의 권한은 막강하였다. 지금 시대인 대한민국의 직책으로 보자면 청와대 비서실장, 국방부 장관, 청와대 경호실장, 여기에 더해 국가정보원장까지 맡긴 것이나. 그러니 참으로 어마어마한 관직을 가진 인물이었다.

홍국영의 위세가 날로 커지자 조정에서는 아무도 그를 건드리지 못했다. 오랜 기간 무반 벌열로 무사들의 제왕인 무종武宗이라 불린 구선복도, 대동법을 만든 김육의 후손이자 노론의 영수인 김종수도 홍국영 앞에서는 꼼짝하지 못했다. 이렇게 막강한 권력을 갖게 된 홍국영은 차마 해서는 안 될 일을 저질렀다.

홍국영은 나의 왕비인 효의왕후가 건강이 좋지 않아 후사를 이을 수 없다는 명분을 내세워 1778년(정조 2년) 6월에 자신의 여동생을 후궁으로 들여보내 원빈元嬪으로 책봉 받게 하였다. 나의 후궁으로 원빈이 들어서자 홍국영의 권세는 사관의 기록처럼 대단하였다. "홍국영의 방자함이 날로 극심하여 온 조정이 감히 그의 뜻을 거스르지 못하였다." 외척이 되어 권력을 극대화하고자 한 홍국영의 바람과는 달리 원빈이 1년도 안 되어 사망하자 홍국영은 왕비의 지위에 버금가는 수준의 예법으로 장례를 치르게 하였다. 말도 안 되는 처사였지만 홍국영이 두려워 어느 누구도 그것이 잘못되었다고 이야기하지 못했다.

홍국영은 자신의 여동생 원빈의 죽음이 효의왕후의 지시에 의한 것이라는 말도 안 되는 생트집을 잡아 왕비의 상궁들을 고문하다 죽이기까지 했다. 이런 방자함에 나는 더 이상 참지 못해 그를 조정에서 내쫓았다.

그런데 이때 나는 큰 실수를 했다. 다른 사람들은 이런 잘못을 저지르면 유배를 보내거나 사약을 내렸는데, 국왕으로 만들어준 공로 때문에 조정에서 물러나게 하는 것으로 끝냈기 때문이다. 이러한 나의 태도에 얼마나 많은 사람들이 나를 비웃었겠는가? 개혁을 외치고, 공정한 세상을 만들겠다고 해놓고 나와 친한 이에게는 엄중하지 않았으니 말이다.

끝내 홍국영은 나를 제거하려는 역모를 추진하다가 발각되었다. 그 일로 강릉으로 유배된 홍국영은 그곳에서 술만 마시다 가 그만 화병으로 죽고 말았다. 그러자 홍국영의 사촌 동생인 홍복영과 그의 친척들이 다시 나를 죽이려는 역모를 일으켰다. 다행히 이들의 역모를 차단하여 겨우 목숨을 구할 수 있었다.

나는 홍국영 사건 이후로는 아무리 나를 위해 헌신한 일등 공신이라 하더라도 백성을 위하여 올바른 일을 하지 못하거나, 권력자들을 위하여 가난하고 힘없는 이들을 괴롭힌다면 절대 용서하지 않았다. 법의 집행은 나의 가장 가까운 사람부터 시작하고, 공정을 위하여 법과 권력을 올바르게 행사하였다. 공정하게 한다고 하면서 법과 권력을 사유화하는 이들은 결단코 용서하지 않았다. 뼈저린 경험을 했기 때문이다.

그대에게도 분명 나와 비슷한 일이 벌어질 것이다. 대통령에 당선되면 많은 이들이 자기들의 공로를 인정해 달라고 요구할 것이다. 그렇게 해서 중요 관직에 오른 이들 중에는 큰 잘못을 저지르는 이들도 있을 터이니 사람을 잘 보고 임용을 해야 할 것이다.

최근 검찰이 국민들의 검찰 개혁 요구를 반대하기 위해 온 갖 악행을 저지르고 있는 것을 알고 있다. 조선시대에는 사헌부가 지금의 검찰과 같은 조직인데, 이 사헌부는 당시에도 권력 집단이었다. 금주령이 내린 시기에도 사헌부 관료들은 마음대로 술을 마실 수 있었고, 법을 무시하고 멋대로 백성들의 인신을 구속하기도 했다. 자신들과 가까운 이들은 법을 위반해도 풀어주고, 가난하고 억울한 이들을 도리어 구속시키기도 하였다.

나는 이러한 잘못을 해결하기 위해 사헌부 등 요직의 권한을 축소하였다. 특히 사형죄에 해당되는 판결문은 상세하게 살펴서 판결의 잘못을 구체적으로 찾아냈다. 엉터리 판결을 내린 수령과 관찰사들에게는 죄를 묻고 처음 조사를 잘못한 사헌부 등 법 집행 관료들을 엄벌에 처하기도 했다. 이로써 법의 집행이 공정하게 진행될 수 있는 기반을 마련하였다.

이제 그대에게 묻겠다. 법을 이용해서 권력을 농단하는 이들과 그 조직을 어떻게 개혁할 것인가? 그들의 저항을 어떻게 막아낼 것인가? 부정부패를 일삼는 공직자들에 대한 처분은 어떻게 할 것인가? 단순히 공직자에 대한 것만이 아니라 사회 전반에 있는 기업과 기타 사회조직의 부정부패는 어떻게 할 것인가?

13

혼인 정책과 양극화 해소

내가 임금으로 재위하던 시절에 서른 살이 넘은 남녀가 결혼하지 못한 상태로 있으면 고을 수령을 파직했다는 이야기를 들어본 적이 있는가? 너무나 믿기 어려운 이야기여서 거짓으로 들리거나 아니면 그저 웃으려는 헛소리로 치부할 것이다.

그러나 이 말은 거짓이 아니라 사실이다. 지금 그대가 살고 있는 시대에도 젊은 청년들이 돈이 없어 결혼을 하지 못한다고 해서 오포세대니 칠포세대니 하고 논란이 되고 있지 않은가? 어느 시대이든 경제적 능력이 부족하면 결혼하기 힘든 것은 마찬가지다. 나는 돈이 없어서 결혼을 하지 못하는 것은 국가의 잘못이라고 생각했다.

사실 결혼은 인류의 가장 큰 일이라고 할 수 있다. 이 세상은 자연스러운 음과 양의 조화에 의해서 굴러가는 것이므로 사람들의 관계에도 음과 양의 조화가 있어야 한다. 음과 양의 조화 때문에 인간은 자연스럽게 혼인을 하고 서로 의지하며 살아가는 것이다. 그런데 돈 때문에 자연의 법칙인 음과 양의 조화를 이루지 못한다면 이 세상이 어떻게 되겠는가?

그래서 나는 수령들에게 고을에 30살이 넘은 미혼의 남녀가 없는지 2년에 한 번씩 조사하여 연초에 보고하게 하고, 만약 혼기를 넘긴 남녀가 있다면 수령이 책임지고 혼수를 지원하여 결혼을 시키도록 하였다.

그런데 부여 현감이 나의 지시를 대수롭게 생각하지 않고 조사 보고서를 올리지 않았다. 고을의 현황을 파악하지 못한 것부터 수령의 자질에 문제가 있는 것이기도 하고, 또 백성들에 대한 애정이 없다는 뜻이었다.

나는 그런 부여 현감을 가차없이 파직시켰다. 그러자 그때부터 고을 수령들은 부지런히 가난한 미혼 남녀들에 대한 조사를 하기 시작했다. 그 후 이 정책으로 인하여 혼인한 미혼 남녀가 수백 쌍에 이르렀다. 그중 한 사례만 소개하겠다.

즉위한 지 15년이 되는 해인 1791년(정조 15년) 2월 9일, 한성부에서는 혼기를 넘겼는데 아직 결혼하지 못한 사람들, 다른 말로 '과기미혼자'過期未婚者의 명단을 작성하여 보고하였다. 나는 이 보고를 받고 크게 화가 났다. 2년마다 조사한 것을 연초에 보고하라고 하였는데, 무려 한 달이나 지나서야 보고를 한 것이다. 게다가 한성부의 인구가 20만에 가까운데 결혼을 하지 못한 사람이 겨우 13명뿐이라고 보고했기 때문이다. 나는 분명 이 보고가 엉터리일 것이라고 생각했다. 그래서 담당 관리들을 조사한 후 징계를 하고 다시 철저히 조사하여 보고하라고 하였다.

내가 화가 난 것을 알아차린 한성부 관리들과 한성에 소속된 다섯 부서에서는 몇 달에 걸쳐 실상을 샅샅이 조사하여 보고했다. 그 결과 나의 예상대로 미혼자의 수는 처음에 보고된 것보다 훨씬 많았다. 3월 23일 남부에서 보고한 내용을 보면 처음에 조사한 미혼자의 수는 24명이었으나 추가로 찾아내 혼인을 성사시킨 사람이 33명이나 되었다. 그 외의 미혼자들도 모두 석 달 이내로 혼인 날짜를 잡았다.

다른 부의 조사 결과도 속속 도착했다. 한성부는 각 부의 보고서를 취합하여 6월 2일 내게 보고했다. 다른 부는 미혼자들을 모두 결혼시키거나 날짜를 잡는 데 성공했는데 유독 서부만 두 사람의 미혼자가 남았다. 한성부의 입장에서 보면 처음 보고한 것보다 훨씬 많은 수를 찾아냈고, 또 그들의 혼인을 거의 다 성사시켰으니 이렇게 끝내고 보고해도 되겠다고 생각했을지 모른다. 하지만 나는 생각이 달랐다. 아직 두 사람의 미혼자가 남아 있었기 때문이었다.

마지막 남은 두 사람이 바로 신덕빈의 서녀庶女 신씨와 김희집이다. 신씨와 김희집은 원래 따로 정혼한 사람이 있었다. 그러나 신씨는 혼수 문제와 길일을 택하는 문제로 혼례가 미뤄지고 있었고, 김희집은 양가의 급이 다르다는 이유로 파혼을 당했다. 알고 보니 김희집이 서자 가문 출신이었다. 그리고 두 사람 모두 몹시 가난했다. 서자 출신에다가 가난하기까지 하니 혼인을 약속했던 집안에서 이런저런 핑계를 대고 파혼을 했던 것이다.

가난한 것도 서러운데 파혼까지 당하였으니 얼마나 가슴이 아프겠는가. 나는 이 소식을 듣고 한성부에 다시 명했다. 신씨는 길일을 다시 택하게 하고, 김희집은 다른 좋은 짝을 찾아 결혼할 수 있게 하며, 두 사람에게 혼례에 필요한 물품과 인력을 더 보내 주게 했다.

이런 지시를 받고 나서 한성부 관원 이승훈이 다시 알아보니, 신씨의 정혼자는 파혼한 후 이미 다른 사람과 결혼했다는 것이다. 이때 이승훈이 두 사람을 결혼시키자는 묘수를 떠올렸다. 그가 직접 중매자가 되어 두 집안의 의향을 물어 허락을 받아냈고, 6월 12일로 혼인 날짜를 잡았다. 나는 이 소식을 듣고 수많은 남녀가 결혼했지만 이 두 사람처럼 신기한 인연으로 맺어진 경우는 없었다고 기뻐하며 혼수품과 재물을 보내주라고 명령했다. 이처럼 가난한 이들은 결혼하기가 어려웠지만 조정의 노력으로 해결할 수도 있었다.

내가 살던 시대에도 부유한 사람들과 가난한 이들의 삶은 엄청난 차이가 있었다. 부유한 이들의 대문 옆에 있는 곳간에 보관하던 고기의 썩은 냄새 때문에 사람들이 지나다닐 수가 없다는 이야기가 비일비재하게 들렸고, 가난한 사람이 자식을 산에 데리고 가서 나무에 꽁꽁 묶어 죽게 놔두었더니 누군가가 찾아서 노비로 데려갔다는 이야기도 들려 왔다. 나는 이런 이야기를 들을 때면 가슴이 아파 견딜 수가 없었다.

돈이 남아돌아 고기를 많이 사들인 것까지는 있을 수 있는 일이라고 생각한다. 하지만 그 고기가 모두 자신들의 돈으로만 산 것일까? 그렇지 않을 것이다. 선물로 가장된 뇌물일 가능성이 더욱 많을 것이다. 그렇지 않더라도 자신들이 충분히 먹고 남은 고기를 이웃 사람들에게 나누어주었다면 얼마나 좋았겠는가. 그런데 욕심을 부리다 보니 썩어서 못 먹을지언정 가난한 이웃에게는 나누어주지 않겠다는 잘못된 생각을 가진 것이다.

이런 사람들의 경우에는 국가가 통제하며 죄를 줄 수는 없다. 그러나 이러한 현상들이 생기지 않게 만드는 것은 나라가 해야 할 일이다.

　나는 백성들이 유리걸식遊離乞食하는 것을 막기 위해 대규모 둔전屯田을 개발했다. 둔전이라고 하면 군대의 운영을 위하여 만든 국영농장이라고만 생각하지만, 나는 그 체제를 보완하고 바꾸었다. 군대를 위한 것은 사실이지만 나는 농사지을 땅이 없어 거리를 떠돌아다니는 사람들을 불러 모아 둔전에서 일하게 하였다. 물론 군인의 가족들도 일하게 하였다. 기존의 농토를 소유하고 있는 안정된 백성들에게 농토를 임대받아 농사를 지을 수 있는 우선권을 주지 않고 농토가 없는 이들에게 주었다.
　뿐만 아니라 전국에 둔전을 만들어서 가난한 백성들이 최소한의 안정된 생활을 할 수 있게 하였다. 이것은 어찌 보면 그대가 제안한 기본소득과 맥락을 같이 하는 것일 수도 있다. 나는 둔전에서 일하는 백성들에게 집도 제공하였다. 백성들이 길거리에서 가마니를 덮고 자게 내버려둘 수는 없었기 때문이다. 고을 수령으로 하여금 작은 초가집이나마 지어 백성들에게 빌려주고 살 수 있도록 하였다.

　그대가 살고 있는 시대도 집 문제로 인해 많은 이들이 고통을 받고 있는데, 내가 했던 주택 무상공급 정책을 참고해 부동산을 안정시킬 정책을 만들기를 기대한다. LH 등이 공공임대주택을 만든다고 하면서 실제로는 땅장사와 아파트 장사를 해서 이익을 올리려고 하는데, 국가 기관이 국민을 상대로 이익을 얻으려고 해서는 안 된다. 또 그로 인한 수익은 최대한 가난한 이들이 인간으로서의 존중을 받으며 살아갈 수 있는 주거공간 마련에 투입해야 할 것이다.

나는 거기에 더해 농사를 안정되게 지을 수 있게 저수지를 만들고, 2가구당 1마리의 소를 대여해주고, 모든 농기계는 무상으로 대여해주었다. 대한민국의 농어촌공사가 농민이나 수산업 종사자들을 지원한다기보다 그들에게서 이익을 얻으려 하는데, 절대로 그래서는 안 된다. 나는 앞서 설명한 방식으로 토지가 있는 지주층과 토지가 없이 신음하는 백성들의 간극을 조정하려고 하였다.

나는 모든 사람들이 신분·권력·지식·재력 등을 떠나서 균등하게 살기를 바랐다. 나는 이 생각이 단 한순간도 머리에서 떠난 적이 없었다. 조선에 있는 양반 같은 높은 사람들이든 천민 혹은 노비든 아랫사람이든, 8도에 있는 모든 사람들이 균등하고 가지런하게 혜택을 받아 평등하게 살아가야 한다고 생각을 했다.

'불환빈 환불균'不患貧 患不均이란 말이 있다. 이 말은 2400여 년 전에 맹자가 한 말이다. 백성은 가난이 아니라 불공정한 것에 분노한다고 하였다. 맞는 말씀이다. 기후 이변이나 전염병 등으로 어려운 시대를 맞이하여 백성들 대부분이 가난하게 살 수도 있다. 그러나 백성은 그러한 가난 때문에 분노하는 것이 아니라 불공정 때문에 분노하는 것이다. 나의 사랑하는 제자 정약용도 "백성은 가난보다도 불공정에 분노하니, 정치에선 가난보다 불공정을 더 걱정하라"고 했다.

나는 모든 백성들이 양극화되지 않고 평등하게 살아가기를 원하는 마음을 담아 '상하사방 균제방평'上下四方 均齊方平을 내 방에 걸어 놓았다. 그러자 조정의 관료를 역시 나의 마음을 알고 불평등하지 않은 세상을 만들기 위해 노력했다.

양극화와 불공정을 바꾸는 일은 나라의 지도자가 해야 할 가장 중요한 일이다. 나는 평생을 이 두 가지 문제를 해결하는 데 집중했다. 봉건시대 군주인 나는 지금의 민주주의 제도나 선거 제도 그리고 다양한 외교 관계 등을 생각할 수 없었다. 당시는 이런 생각을 할 수 있는 시대도 아니었다. 나는 오직 양극화 해소와 불공정한 사회를 극복하여 백성들 모두가 부유해지고, 건강하게 오래 살기를 바랐을 뿐이었다.

가난 때문에 집도 갖지 못하고, 직장도 얻지 못하고, 결혼도 하지 못하고, 결혼을 했다 해도 자식을 낳지 못하는 시대가 되어서는 안 된다. 이런 어려움을 국가가 해결해주어야 하고, 그럴

수 있는 기획력과 추진력이 있는 사람이 국가의 지도자가 되어
야 한다. 나는 그대에게서 그 힘을 보았다.

이재명에게 보내는 정조의 편지

14

백성들과의 소통, 소통하는 대통령

사람들은 나를 길 위의 군주, 혹은 소통의 군주라고 말한다. 구중궁궐 안에 앉아만 있는 군주가 아니라 세상 밖으로 나가 백성들의 삶을 직접 보는 군주, 그리고 백성들과 직접 대화를 나누는 소통의 군주라고! 나는 백성들과 후세 사람들이 나에게 이렇게 표현해 주는 것이 너무도 감사하다.

군주가 백성들과 관료들의 소리를 듣지 않는다면 어떤 군주가 될까? 자기만의 아집에 빠져 제대로 된 정치를 할 수 없을 것이다. 내가 임진왜란과 병자호란을 겪으면서 경제가 붕괴되고, 당파싸움으로 불안정한 정치를 개혁할 수 있었던 힘은 바로 나와 소통했던 백성들의 힘 덕분이었다. 그들은 비록 낮은 사람들인 것 같지만 뭉치면 엄청난 힘을 발휘한다. 나는 그들의 힘을 알고 있다.

그대는 변방의 인물이다. 미안하지만, 문화와 권력의 중심에 있었던 사람이 아니다. 정말 변방 중의 변방인이다. 그래서 그대는 가난하고 힘없는 국민들의 고통을 이해하고, 그들의 소리를 들으려 한다. 하지만 아직도 부족하다고 생각한다. 그래서 나는 이번에 백성들과 소통했던 나의 모습과 또한 나의 생각을 이어받아 국가를 위한 소통의 방안을 제시한 나의 사랑하는 제자 정약용의 이야기를 해주려고 한다.

내가 조선의 국왕이 된 지 15년이 된 1791년 1월 18일 오후, 나는 수원에 있는 아버지 사도세자의 묘소를 참배하고 창덕궁으로 돌아가고자 한강을 건너 숭례문으로 향하고 있었다. 나의 행차를 보려고 나오는 백성들을 막지 말라고 한 지시 때문에 임금의 위엄 있는 행차를 보기 위해 많은 백성들이 나와 있었다. 내가 즉위하고 나서부터는 수많은 백성들이 거리로 나와 나의 행차를 구경하는 것이 하나의 풍속이 되어가고 있었다.

이때 갑자기 꽹과리 소리가 요란하게 들리더니 한 사람이 백성들의 구경 대열에서 튀어나와 나의 행차를 가로막았다. 나는 순간 '격쟁이 시작되었구나'라고 생각했다.

아니나 다를까. 한 백성이 나와서 소리 높여 억울한 사연을 호소하기 시작했다. 그 사람은 흑산도 사는 백성 김이수^{金理守}였다. 김이수가 흑산도에서 올라와 나의 행차를 막은 이유는 흑산도에 부과된 잘못된 세금을 철회해 달라는 것이었다.

조선이 건국된 후 각 지역마다 특산물을 조정에 세금으로 바치게 하였는데, 이를 공납이라고 하였다. 가령 경상도 상주는 곶감이 유명하고, 충청도 한산은 모시가 유명하고, 연평도는 꽃게가 유명하니 이러한 특산물을 세금으로 바치게 한 것이다. 그런데 문제는 흑산도에서는 유명하지 않을 뿐만 아니라 아예 존재하지도 않는 닥나무가 특산물로 지정되어 해마다 닥나무를 조정에 바쳐야 했던 것이다.

닥나무는 종이를 만드는 가장 중요한 재료로, 아무 곳에서나 자라지 않는 귀한 나무였다. 사실 조선시대 초기만 하더라도 흑산도에 닥나무가 자랐었다. 그런데 흑산도에 거주하는 성인 남자에게 1인당 40근의 닥나무를 바치라는 규정으로 인하여 생업을 포기하면서까지 닥나무를 베다 보니 흑산도에서는 닥나무가 완전히 사라지게 되었다. 급기야 흑산도 백성들은 자라지도 않는 닥나무를 바치기 위해 돈을 모아 외지에서 닥나무를 사다가 바치기에 이르렀다. 이것은 잘못돼도 너무 잘못된 행정이었다.

그래서 흑산도 백성들은 너무도 잘못된 이 문제를 해결하

기 위해 1772년(영조 48년)과 1783년(정조 7년)에 나주 관아에 해
결을 해달라고 요청을 했었다. 흑산도가 나주목 소속이었기 때
문이다. 하지만 나주관아의 담당 관리가 흑산도 백성들의 억울
한 내용을 접수조차 하지 않아 조정에서는 흑산도의 문제를 전
혀 알지 못했다. 그러자 김이수는 전라감영을 찾아가 문제점을
이야기했다. 하지만 답변은 오래된 세금 규정을 바꿀 수 없다는
것이었다. 관리들의 답변은 한결같았다.

전라감영에서도 해결하지 못한 흑산도 백성들은 마침내 김
이수를 나의 수원 행차에 맞춰 한양으로 올려 보내 억울한 일
을 호소하기로 했다. 내가 백성들의 억울한 소리를 듣고 해결해
준다는 소문이 흑산도에까지 전해졌기 때문이다.
김이수는 그날 나에게 자신들의 기가 막힌 사연을 이야기했
다. 나는 김이수의 이야기를 차분히 듣고는 그 자리에서 해결할
수 없는 중차대한 문제라고 생각했다. 그래서 이 문제를 조정의
공식 논의로 올려 토론하고 해법을 제안하게 하였다.

그전에 나는 백성들이 꽹과리나 징을 쳐서 국왕의 행차를
막고 억울한 일을 호소하는 격쟁을 하면 가능한 사흘 안에 문
제를 해결하려고 하였다. 그런데, 이 문제는 사흘 안에 해결할
수 있는 내용이 아니었다. 왜냐하면 단순히 흑산도 지역의 특

산물에 대한 문제가 아니라 국가의 세금부과에 대한 전면적인 검토를 요구하는 것이기 때문이었다.

결국 3개월에 걸친 흑산도 현장조사와 조정의 토론 끝에 흑산도에 부과한 닥나무 공납은 잘못된 세금부과로 결정하고 이를 철폐하였다. 비록 조정에서 세금을 거두지 못한다 하더라도 백성들에게 이익이 된다면 올바른 것이라는 나의 평소 생각인 손상익하損上益下의 정신이 반영된 결과였다. 김이수의 이야기를 듣지 않았다면 이 문제는 영원히 해결되지 않고 흑산도의 백성들은 고통 속에서 살아가야 했을 것이다.

나는 백성들이 직접 국왕에게 억울함을 호소할 수 있는 상언과 격쟁을 허용하였다. 이로 인하여 상언과 격쟁은 무려 3500여 건에 이르렀다. 실로 엄청난 숫자라고 할 수 있다. 1년에 300여 일을 근무한다고 하면 거의 10년 이상을 매일같이 하루에 한 건 이상 백성들과의 소통을 한 것이기 때문이다. 아마도 동서고금을 통틀어 이런 국가 지도자는 없었을 것이다. 이와 같은 소통이 있었기 때문에 나의 시대는 문화의 부흥시대라는 평가를 받게 되었다.

소통이란 것이 얼마나 중요한 것인지 나는 또 다른 기록을 통해서 알 수 있었다.

내가 충무공 이순신을 좋아한 것은 너무 잘 알고 있을 것이다. 충무공과 관련된 기록을 보다가 충무공의 가장 가까운 선배였던 서애 유성룡의 《징비록》을 읽었다. 《징비록》에는 충무공과 원균에 대한 비교의 글이 있었는데, 나는 그 글을 보고 너무나 놀랐고, 스스로를 반성하게 되었다.

임진왜란 당시 삼도수군통제사가 된 이순신은 통제영이 있는 한산도에 전략 회의를 하는 공간인 '운주당'運籌堂을 만들었다. '운'運이란 말은 운영한다는 것이고, '주'籌란 여러 가지 해석이 있지만, 이순신은 이를 지혜라고 생각하고 지었다. 결국 '운주당'이란 지혜를 운영하는 곳이란 뜻이다. 요즘으로 치면 해군 총사령관인 이순신이 해군 전략 총본부에서 다양한 전술운영을 했다고 볼 수 있다.

이순신은 왜적을 물리칠 수 있는 좋은 지혜를 가진 사람들이 있다면 노인이건, 젊은이건, 여인이건, 소년이건 관계없이 이곳으로 와서 함께 논의를 하였다. 이러한 소통이 일본군과 싸워 단 한 번도 패하지 않고 승리할 수 있는 기반이 되었다.

그러나 원균은 그렇지 않았다. 이순신이 소통하던 그 운주당을 원균은 개인적인 공간으로 바꿔 버렸다. 백성들 누구나 찾아와서 지혜를 나누던 이곳에 원균은 기녀들을 불러다가 매일같이 음주가무를 즐겼다. 유성룡은 원균의 패배와 죽음을 바로 이것 때문으로 규정하고 있었다. 사람들의 지혜를 모아서 소통하고, 이를 통해 부족한 부분을 메우고 새롭게 나아갈 길을 찾았어야 하는데, 오히려 문을 걸고 잠그고 기녀들과 술을 마시고 놀았으니 장군들과 군사들이 사령관을 진정으로 따르지 않게 된 것이다. 결국 전략도 전술도 없이 칠천량 전투에 나아가 이순신이 만들어 놓은 500여 척의 전투함을 모조리 바다에 수장시키는 비극을 초래한 것이다.

서애 유성룡의《징비록》을 읽고 있으면 국가 지도자 혹은 군대의 지도자들이 백성들과 소통을 하지 않고 자기만의 독단에 빠지면 그 앞에 아무리 좋은 성과가 있었다 하더라도 반드시 망한다는 것을 깨닫게 된다. 원균의 모습 속에서 명백히 증명된 진리이다.

나는 조선의 다른 국왕들에 비해서 3배 정도 많이 궁궐 밖 행차를 했다. 행차를 나서면 백성들의 실제 삶을 정확히 볼 수 있기 때문에 제대로 된 민생 정책을 만들 수 있다. 관리들이 백성들의 삶을 모르면 어떻게 제대로 된 정책을 만들어낼 수 있겠는가.

국정운영의 주체가 되는 대한민국의 관리들 역시 국민들의 실제 삶을 모르고 자기들이 아는 것으로만 정책을 만든다면 그것은 무조건 실패할 수밖에 없다. 모두들 좋은 머리에 좋은 학벌이나 경력으로 열심히 노력하여 공무원 시험에 합격하였지만 민생 탐방을 하지 않으면 결코 올바른 정책이 나올 수 없다. 이는 지도자도 마찬가지라고 생각한다.

나의 제자이자 총애하는 신하인 정약용은 특별한 정책을 제안했었다. 정약용은 국가 운영을 올바르게 하기 위하여 백성들과의 소통을 강조했고, 그러한 기관을 만들어야 한다고 하였다. 그것이 바로 '노고원'路鼓院이다.

다산은 국왕의 일상적인 집무 공간인 편전과 가장 가까운 창덕궁 단봉문 밖에 민가를 하나 사서 높은 누각을 만들어 노고원을 만들었다. 그리고 원통한 일을 당하고 있는 이들이 그 억울한 일을 글로 정리하여, 노고원에서 북을 치고 글로 정리된 서장書狀을 노고원의 관리에게 주어 승정원으로 보내 국왕이 읽을 수 있게 하여야 한다고 하였다. 특히 노고원의 관리는 억울한 일을 호소하는 서장에 망령된 말이 들어가 있다 하더라도 각하시켜서는 안 된다고 강조하였다. 다산이 강조한 노고원 설치는 백성들의 소리를 들어야 국가가 발전하고 국민들의 삶이 안정될 수 있다는 것이었다.

나는 지금의 문재인 대통령은 국민들과 가장 소통을 많이 하는 대통령이라고 생각한다. 과거 권위주의 시대에는 불가능하다고 생각했던 일들이 이제 소통 속에서 현실로 나타나고 있다.

이재명에게 보내는 정조의 편지

대통령 인수위에 국민들이 참여하는 국민인수위를 구성하기도 했다. 아쉬운 것은 광화문 1번가 정책을 추진해서 국민 누구나 대통령과 정부에 의견을 제안하는 정책을 추진하고자 하였는데, 이것이 현실화되지 못한 것이다. 나중에 문재인 정부가 완성하지 못한 국민소통 정책을 그대가 반드시 이루어주기를 바란다.

나도 관리들과 국가 정책에 대한 논의를 소통하기 위해 수시로 정책을 건의하도록 했고, 내가 조선의 국왕이 된 지 10년 되는 해인 1786년에는 조정 관료와 양반 사대부들 중에서도 건의하고 싶은 것이 있으면 어떠한 내용이라도 제안하라고 했었다. 그중에는 의미 있는 정책들이 많이 있었고, 내가 감히 수용할 수 없는 혁명적인 정책들도 여럿 있었다. 비록 그러한 제안들을 모두 수용하지 못한다 하더라도 이처럼 군주와 관료들이 나라와 백성을 위해 소통을 한다는 것이 중요한 것이다.

15

탕평과 포용 정책

ㅇ

1776년 3월 10일, 나는 구장복을 입고 면류관을 쓴 채 천천히 경희궁 숭정문을 지나 숭정전으로 올랐다. 그리고는 조정의 대신들을 바라보며 굵고 웅장한 목소리로 말했다.

"과인은 사도세자의 아들이다."

나의 말이 떨어지자마자 일순간 조정의 신하들은 모두 부르르 떨었다. 그 자리에 있던 인물들치고 내 아버지 사도세자의 죽음에 관여되지 않은 자들이 없었기 때문이다.

나는 즉위 이전부터 늘 죽음의 위기를 겪으며 살아야 했다. 동궁(왕세손) 시절 전각에서 책을 읽을 때 나를 죽이겠다는 익명의 편지를 발견하기도 했고, 궁녀와 내시들의 끊임없는 감시를 받기도 했다.

또 '역적(사도세자)의 아들은 국왕이 될 수 없다'逆賊之子 不爲君王는 흉언이 온 나라에 가득 퍼진 가운데, 할아버지 영조가 나에게 대리청정을 시키라고 명령을 내린 전교를 나의 작은외할아버지 이자 좌의정이었던 홍인한이 찢어버린 일까지 있었다.

나는 사도세자의 아들이라는 이유 하나만으로 13년 간 이어진 대신들의 견제와 감시, 수시로 가해지는 죽음의 위협을 이겨내고 마침내 조선의 국왕이 된 것이다. 나는 나를 위협했던 반대 세력을 모조리 사형시키거나 유배 보낼 수 있는 힘을 갖게 됐지만, 나를 괴롭힌 원수들에게 보복을 하지 않았다. 반대파를 모조리 제거하는 것은 백성을 위한 정치가 아니라고 생각했기 때문이다.

내가 즉위식에서 "과인은 사도세자의 아들이다."라고 이야기한 것은 사도세자를 죽인 당신들을 벌주겠다는 의미로 한 말이 아니었다. 그것은 내가 진짜 사도세자의 아들이라는 것을 다시한 번 강조하고 싶었을 따름이었다.

나는 이 말을 하고 곧이어 할아버지 영조의 종통宗統을 둘로하지 말라는 말씀을 지키겠다고 했다. 이는 나의 호적상의 아버지인 효장세자의 아들로 조선의 국왕으로 등극하는 것이니, 사도세자의 일로 어떠한 정치적 사건이나 변란을 일으키지 않겠다고 선언한 것이다.

나는 그 말을 그대로 이행했다. 아버지를 죽인 세력들 중에 내가 국왕으로 등극하지 못하게 하고 나를 죽이려 했던 세력들을 유배 보내거나 몇 명의 정치인에게 사약을 내리는 수준으로 모든 것을 마무리하였다. 그들을 포용하는 것이 더 중요했기 때문이다. 나는 할아버지 영조대왕의 탕평정책을 계승해 보다 발전된 탕평의 시대를 만들고 싶었다.

내가 왜 나의 즉위식 날의 이야기를 했을까? 그것은 그대 역시 포용 정책을 통해 새로운 대한민국을 만들겠다는 의지를 보여주고 있기 때문이다.

그대가 대통령이 되면 정적이었던 상대방에게 가차없이 정치적 모욕을 주거나 죄인으로 만들어 감옥에 보낼 것이라는 이야기를 하는 사람들이 있다. 특히 문재인 대통령을 사랑하는 이들 중 아주 극소수의 사람들은 그대가 당선되면 문재인 대통령을 감옥에 보낼 것이라고 주장하기도 한다. 하지만 그것은 말도 안 되는 이야기다. 오히려 그대가 당선되어야 야당으로부터 문재인 대통령을 보호할 수 있다고 확신하는 지지자들이 더 많다. 그럼에도 그대는 억울할 수도 있지만, 이런 비판 어린 시선을 적극적으로 불식시킬 필요가 있다. 더불어 같은 당 내의 경쟁자들에 대한 포용만이 아니라, 야권에 대한 포용과 상생도 함께 고민해야 할 것이다. 그러기 위해 탕평이란 정책이 어떻게 만들어졌는지를 알고, 이를 기반으로 포용의 정치를 통해 대한민국의 발전을 이루기 바란다.

탕평정치를 처음 시작한 분은 나의 할아버지 영조대왕이시다. 영조는 조선의 국왕으로 즉위하고 온갖 흉악한 소문에 휘말렸다. 요즘으로 치면 가짜 뉴스가 판을 쳤다고 하겠다. 그대 역시 자네를 비방하는 가짜 뉴스로 고생하듯 할아버지 영조도 온갖 고생을 했다. 할아버지에 대한 비방은 크게 두 가지였는데, 하나는 숙종대왕의 아들이 아니라는 것이고, 또 하나는 형이었던 경종대왕을 독살시키고 자신이 왕이 되었다는 것이다.

그러나 손바닥으로 하늘을 가릴 수 없듯이 그런 일은 왕실에서 있을 수 없는 일이었다. 영조대왕의 어머니인 숙빈 최씨가 은밀히 남자와 정을 통해 임신을 한 상태에서 숙종대왕의 후궁이 되어 낳은 아들이 할아버지 영조였다는 헛소리나, 할아버지가 독을 넣은 간장게장을 경종에게 먹여 독살했다는 모함은 실제로는 상상할 수조차 없는 이야기다. 그런데 이 말도 안 되는 이야기를 진짜로 믿는 사람들이 있었다. 요즘 그대에 대한 헛소문 역시 사실이라고 믿고 대통령이 돼서는 안 될 사람이라고 이야기하는 것과 하나도 다르지 않은 상황이었다.

이러한 거짓은 소문을 낸 세력들이 자기들끼리 술이나 먹으면서 떠들었다면 그냥 넘어갈 일이었다. 그런데, 이들은 이를 명분으로 삼아 할아버지 영조를 국왕의 지위에서 끌어내리고 새로운 국왕을 세우겠다며 변란을 일으켰다. 그 주역이 바로 이인좌였다.

전주 이씨이자 남인의 명문가의 후손이었던 이인좌는 영조가 숙종의 아들이 아니며, 선대왕인 경종을 독살하고 왕이 되었기에 국왕을 새로 세우고 정통 왕실을 지켜야 한다고 난을 일으켰다. 이인좌는 영남지역 남인과 충청지역 소론들을 설득하여 내란을 일으켰고, 이들에 대한 백성들의 지지는 예상 외로 대단하였다.

이인좌와 함께 담양부사 심유현과 태인현감 박필현도 내란에 참여하였다. 심유현은 바로 경종의 첫 번째 왕비인 단의왕후 심씨의 친동생이었다. 박필현은 영조의 맏아들 효장세자의 사부를 역임했던 학자였다. 선대왕인 경종의 처남과 왕세자의 사부까지도 영조가 경종을 시해했다고 확신하고 영조 제거 쿠데타에 참여하였던 것이다. 이들은 상당한 명망을 가지고 있어서 도성의 남산 아래 사는 사대부와 중인들 그리고 백성들까지도 영조를 제거하는 역모에 참여하였다. 참으로 어처구니없는 일이었지만 이는 상당히 심각한 사태로 발전했다.

이들은 변란을 일으킨 후 한때는 청주성을 점령하기도 했다.

이재명에게 보내는 정조의 편지

백성들이 변란을 일으켜 청주성을 점령한 것은 조선 역사상 처음 있는 일이었다. 이때 할아버지 영조는 오명항이란 탁월한 인물을 내세워 변란을 막아내었다.

그렇다면 왜 이들이 영조를 제거하려고 내란을 일으켰을까? 이것을 이해한다면 21세기 대한민국 정치를 조율할 수 있는 기반이 될 것이다.

그것은 바로 정치적 탄압 때문이었다. 숙종 연간 조선의 당파는 군자당, 소인당 하는 철학적 싸움에서 피비린내 나는 목숨을 건 싸움으로 변질되었다. 각 당파들은 자신들이 지지하는 차기 대권 유력자를 지지하여 그로 하여금 국왕이 되게 함으로써 권력을 얻고자 하였다. 그러한 결과로 나온 것이 바로 소론에 의한 경종의 등극이었다. 경종이 건강이 악화되어 죽은 이후에는 노론의 뒷받침으로 영조의 등극이 이루어졌다.

경종은 매우 허약한 체질이었다. 인현왕후전에 나오듯이 실제 성기능을 할 수 없었던 국왕이었다. 나도 정확히는 알 수 없지만 경종이 죽고 나서 사관이 "경종대왕은 전혀 여인을 알지 못했다."고 써놓았다. 이를 보면 분명 여인과 관계를 맺을 수 없는 몸이었던 것이 분명하다. 어머니 장희빈이 사약을 받고 죽기 전에 숙종에게 앙갚음을 한다고 자기의 아들 경종의 남근^{男根}을 손으로 뽑아냈다는 이야기도 있다. 물론 확인된 사실은 아니다.

그러다 보니 왕위를 이을 왕세자를 생산할 수 없었다. 때문에 노론 신하들이 경종을 협박하여 숙종의 둘째 아들인 내 할아버지 연잉군(영조)을 왕세제王世弟로 책봉하게 하고, 4년 뒤 경종의 죽음 이후 조선의 21대 국왕이 되게 하였다. 결국 영조를 국왕으로 만든 공로를 앞세워 노론 세력들이 조정의 권력을 잡은 것이다.

이러한 정치권력의 다툼에서 패배한 소론은 권력에서 밀려나게 되었다. 그러자 이인좌를 중심으로 하는 일부 소론 세력들이 영남의 남인과 연대하여 권력을 되찾기 위한 내란을 일으켰고, 그 명분으로 영조가 숙종의 아들이 아닌 노론의 거두 김춘택의 아들이고, 영조기 왕세제 때 경종에게 간장게장을 진상하여 이를 먹고 죽게 하였다고 선전하고 다닌 것이다. 실제로 이들이 두 가지 가설에 대해 깊이 신뢰하고 있었던 것도 사실이다.

할아버지 영조는 생각지도 못했던 변란을 진압하기 위해 군사력을 집중하여 이들을 가까스로 막아냈다. 하지만 변란을 마무리하고 돌이켜 생각해보니 자신이 처음 즉위하고 모든 세력들을 아우르는 정책을 펼쳤으면 이러한 피비린내 나는 변란이 일어나지 않았을 것이라는 반성을 하였다.

이재명에게 보내는 정조의 편지

그래서 영조는 어느 한 당파가 정권을 독점하는 것이 아니라 모든 정치 세력들이 고루 정치에 참여하여 백성들이 부유하고 행복하게 하는 탕평 정책이 최선이라고 생각하고 이를 추진하였다. 이것이 바로 내 할아버지 영조의 탕평 정책 추진의 배경이자 과정이다.

나는 할아버지의 고민과 정책을 계승하기로 했다. 어느 누구보다 내가 당파 싸움으로 엄청난 고통을 겪은 피해자였기 때문이다. 아버지가 뒤주에 갇혀 죽고, 동궁 시절부터 노론 세력들에 의해 죽음에 노출되어 있었고, 심지어 즉위한 후에도 참전으로 자객이 침입하기도 했다.

내가 힘이 없었기에 동생들이 제주도로 유배를 가서 풍토병으로 죽고, 아무 잘못도 없는데 역모로 몰려 자살하고, 또는 역모에 가담할지도 모른다는 이유로 강화도로 유배를 가야 했다. 노론들은 나를 보호한다는 명분으로 나와 가까운 사람들 모두를 배제했다.

나는 나에게 이런 몹쓸 짓을 한 사람들에 대해 분노했다. 하지만 그 분노로 똑같이 복수하는 것만이 능사는 아니었다. 이제까지의 행동을 참회하고 나와 함께 개혁을 할 사람들은 모두 품기로 마음먹었다.

그런 이유로 나는 왕실의 친인척들을 배제하고 나라의 숨은 인재와 현인들을 적극 등용했다. 당파별로 나누어주던 관직을 필요한 인재들로 적재적소에 채웠다. 이로써 정계에서 철저히 배제되거나 유배를 갈 것으로 예상하던 노론 세력들은 나와 더불어 적극적인 개혁정치에 참여했다. 그리고 무조건 관직을 분배하는 것이 아니라 해당 관직을 더 잘 수행할 수 있는 사람이라면 당파를 초월하여 임명하였다. 그러니 노론, 소론, 남인 등 모든 당파의 인물들이 고루 기용되었고, 자연스럽게 정치가 안정될 수 있었다. 정치적 안정은 곧 백성들의 삶을 안정시킬 수 있는 길이었다. 이런 이유 때문에 후세 사람들은 오늘날까지도 나를 위대한 국왕으로 존경하는 것이 아닐까.

그대는 할아버지 영조와 내가 왜 탕평정책을 추진하였는지 정확히 이해하기 바란다. 자신을 지지한 특정 세력만을 등용하는 정치를 해서는 안 된다. 동서고금을 막론하고 소통과 화합을 하면 정국은 오래도록 평화로워진다. 반면 일당이 권력을 독점하면 정국은 혼란스러워진다.

16

진경 문화와 문화강국

이번에 그대의 대통령 선거 출마 선언에서 내가 가장 놀란 것은 문화예술에 대한 지원 확대와 문화콘텐츠를 활성화하여 경제 발전에 기여하겠다는 포부였다. 그대가 문화예술의 발전을 강조한 것은 다소 뜻밖이었다. 많은 국민들도 그렇게 생각했을 것이다. 기본소득과 강한 추진력에 대한 기대감이 워낙 컸기에 상대적으로 문화예술과는 거리가 멀 것이라 생각했다.

그런데 한편으로는 배우자가 피아노 전공자이니 예술에 대한 이해가 부족하지는 않으리라 생각한다. 또 성남시장 시절에 성남문화재단 대표로 문익환 목사의 며느리이자 세계적인 오페라 연출가 문호근의 부인인 성악가 정은숙 교수를 임용하여 성남의 문화예술 기반을 한껏 끌어올린 것을 보면 그대의 문화예술에 대한 생각과 안목을 인정해야겠다는 생각이 들었다.

그래서 나는 그대에게 나의 문화예술에 대한 생각과 실천을 이야기해주고 싶다. 200여 년 전 내가 조선의 문화예술을 어떻게 발전시키고 노력했는지를 안다면 그대가 문화예술을 제대로 꽃피우는 데 도움이 될 것이다. 모든 일은 기본적으로 역사를 알아야만 현재에서 제대로 된 일을 할 수 있다.

사람들은 나의 시대를 조선후기 문예부흥의 시대라고들 한다. 아마도 세종대왕 시대의 문화와 예술이 다시 꽃피었다고 생각하는 것 같다. 세종대왕께서는 집현전을 만들어 학문을 육성하고, 훈민정음을 만들어 백성들이 모두 읽고 쓸 수 있게 하였다. 또 음악을 정비하여 중국의 음악만이 아닌 조선의 음악을 사용하게 하였다.

나 역시 세종대왕을 가장 존경하였고, 세종 시대의 문화와 예술을 다시 조선 땅에서 진흥시키고자 하였다. 그 결과 조선의 문화 수준을 한층 높일 수가 있었다. 후세 사람들은 나의 시대 문화에 대하여 '조선중화주의'朝鮮中華主義가 만개한 시대라고 한다. 조선중화주의는 조선이 곧 중화! 중화는 문명의 중심을 말하는 것이니, 조선이 곧 세계 문명의 중심이라고 하는 것이다.

당시 청나라는 건륭황제가 다스리던, 중국 역사상 최고의

이재명에게 보내는 정조의 편지

문화 수준을 자랑하던 시대였다. 그런데, 그 청나라보다도 우수한 문화를 만든 시대라는 것이 후세의 평가이기도 하다. 그만큼 내가 다스릴 때의 문화 수준은 세계적으로도 매우 우수하였다.

나는 조선 전체가 평화롭고 평등하며, 그 어떤 외세의 침입도 받지 않는 자주적인 나라를 만들고자 하였다. 그러한 의지가 있었기 때문에 조선의 문화와 중국 문화의 차별성을 분명히 하고 싶었다. 나는 내가 왕이 되기 이전 시대의 문화와는 근본적인 차이가 나는 문화를 만들고 싶었다.

나의 시대에 가장 달라졌던 것이 바로 도화서의 강화였다. 도화서는 국가의 행사를 기념해 그림을 그리는 기관이었다. 당대 최고의 화가들을 선발하여 그림을 그린 곳이 바로 도화서였다. 내 이전의 임금들은 도화서의 화원들을 중인 출신으로 뽑아 그 안에서 그림만 그리게 했다. 하지만 나는 그렇게 하지 않았다.

도화서 화원들 중에서 최고의 화원 10명을 선발하여 규장각 소속으로 이관시켰다. 그들에게 규장각 자비대령화원이라는 이름을 붙였다. 자비라는 말은 '차비'라는 말이 변한 것인데, 내 말을 언제든지 대령하여 차비, 즉 준비하는 화원이란 말이다. 나는 그들에게 단순히 초상화나 왕실 행사 장면만 그리게 하지 않았다. 조선의 산천과 조선의 사람들을 그리게 했다.

그것은 사실 의도된 그림이기도 하다. 김홍도가 그린 그림들은 거의 모두 밥을 잘 먹어 영양상태가 좋은 백성들의 모습이 대부분이다. 즉 백성들이 잘 살고 있다는 것을 보여주는 다분히 선전의 의도가 담긴 그림들이다. 아마도 후손들이 살던 20세기 시각에서 보자면 박정희나 전두환 시대에 정부가 의도적으로 국민들이 잘 살고 산업이 발전한다는 것을 홍보하는 그런 포스터 같은 것이 아닐까 싶다.

물론 나에게도 그런 의도가 있었던 것은 사실이다. 그러나 더욱 근본적인 이유라면 나는 조선의 산천과 백성들을 그려서 중국과 차별화된 작품을 만들고 싶었다는 것이다.

그때까지 조선의 화가들의 그림은 거의 다 중국에 사대하는 작품들이었다. 어떻게 그림들이 대부분 중국의 산천과 중국 사람들을 그리는지 모르겠다. 아니면 신선을 그린다거나. 도대체 조선 사람들이 그림을 그리는데 왜 중국의 사람들과 산천을 그리는지 이해가 되지 않는다.

나는 음악에도 관심이 많았다. 당시에 조정에서는 주로 중국의 음악인 당악唐樂을 사용했다. 당나라 음악이라고 해서 당악이라고 불렀는데, 이는 곧 중국 음악이었다. 조선의 왕실과 조정에서 개최하는 행사에서 우리 고유의 음악을 사용하지 않고 중국 음악을 주로 사용하고 있었다. 그래서 나는 이러한 점을 바꾸고 싶었다. 그 결과 판소리도 나의 시대부터 시작되었다.

나는 조선의 역사도 잘 정리하고자 했다. 역사를 바로 세우는 것이 그 어떤 것보다 중요하므로 우리 민족의 역사 정립이 그 무엇보다도 시급하다고 생각했다. 특히 단군과 발해의 역사는 매우 중요한데, 이 부분에 대해 제대로 된 연구나 서술이 되어 있지 않았다.

이런 나의 생각이 반영되었는지 실학자들이 역사 연구를 하기 시작하였다. 그중 하나로 규장각 검서관인 유득공이 발해의 역사를 저술했다. 그 책이 바로 《발해고》渤海攷이다. 우리나라에서 발행된 발해에 대한 첫 번째 책이다. 이는 철저히 나의 지시에 의해 만들어진 책이다.

후손들도 잘 알고 있는 위대한 실학자 중 한 명이 성호 이익이다. 이익의 문집을 읽고 나의 사랑하는 제자인 정약용이 평생 마음의 스승으로 여겼다고 하니, 이익은 참으로 대단한 인물이다. 이익의 첫 번째 제자가 순암 안정복인데, 안정복은 단군을 시작으로 하는 우리 역사를 제대로 정리했다. 그 역사서가 바로 《동사강목》東史綱目이다.

나는 우리 조선의 무예도 제대로 정리하고 싶었다. 그래서

《무예도보통지》武藝圖譜通志를 저술하게 하였다. 《무예도보통지》는 신라시대 대표적인 화랑인 황창랑으로부터 시작된 본국검을 비롯한 지상무예 18가지와 마상무예 6가지를 정리한 우리 역사상 최고의 무예서라고 할 수 있다. 2017년에 유네스코 세계기록유산으로 등재된 것은 당연하다.

쑥스럽기는 하지만 내 자랑을 하나 하겠다. 나의 시대에 만들어진 여러 책들이 유네스코 세계기록유산으로 등재되었다. 조금 전에 말한 《무예도보통지》와 함께 나의 일기인 《일성록》이 세계기록유산으로 등재되었다. 전 세계에서 국왕의 일기가 세계기록유산으로 등재된 것은 아마도 유일할 것이다. 그리고 화성 축성을 기록한 《화성성역의궤》, 혜경궁 홍씨 회갑 진찬연을 위한 8일 간의 화성행차를 기록한 《원형을묘정리의궤》 등 중요한 의궤 기록들이 모두 세계기록유산으로 등재되었다.

2016년에 한신대학교 김준혁 교수가 프랑스 국립도서관에서 발견한, 훈민정음으로 기록된 '정리의궤 권49 성역도 채색본'은 프랑스 국립도서관 소장의 책 중에서 단연 최고의 서적이라는 평가를 받는다. 이것은 프랑스 국립도서관의 공식적인 평가이다. 나의 시대에 만들어진 기록들이 이처럼 세계적인 수준으로 평가되고 있는 것을 우리 후손들이 꼭 알아주었으면 한다.

나는 백성들이 자유롭게 읽고 쓸 수 있어야 문화가 발전할 수 있다고 생각했다. 문자를 이해하고 활용하게 되면 비단 문화만 발전하는 것이 아니라 인권이 발전하는 것이다. 문화의 발전과 인권의 발전은 동시에 이루어지는 것임을 명심하기 바란다.

책을 간행하기 위해서는 활자가 매우 중요하다. 활자를 통해 책을 다량으로 간행하여 백성들에게 지식을 보급하는 것은 국가가 해야 할 중요한 일이다. 그래서 나는 동궁 시절인 1772년(영조 48년)에 임진자壬辰字라는 활자 15만 자를 주조하였으며, 즉위 원년인 1777년 정유년에는 임진자의 글자본으로 정유자丁酉字 15만 자를 다시 주조하였다.

이뿐만이 아니다. 내가 왕이 된 지 6년 되는 해에 숙종 임금 때 만든 한구자韓構字를 바탕으로 재주한구자再鑄韓構字 8만여 자를 다시 주조하였다. 이어 1792년에 나무로 생생자生生字 32만 자, 1796년에 생생자를 바탕으로 금속활자인 정리자整理字 30만 자를 주조하여, 재위 기간 동안 수십 만 자의 활자가 제작되었다. 가히 나의 시대는 활자의 시대라고 할 수 있었다.

내가 자부하건대 한 국왕의 재위 기간에 이처럼 많은 활자를 만든 일은 조선시대 전체를 통틀어 한 번도 없었다. 세계적으로도 유례를 찾아보기 어려울 정도다. 이렇게 활자를 많이 만들었기 때문에 조선의 문명은 급속도로 발전했고, 일반 백성들도 훈민정음으로 만들어진 활자인 방각본 책을 쉽게 접하게 되었다. 이때 조선 역사상 처음으로 책장수가 등장했다. 새로운 직업인의 등장이었다. 멋지지 않은가?

　이렇듯 우리 고유의 특색을 찾아가는 진경문화는 나의 시대 이전부터 나타나기 시작했지만 실제 가장 화려하게 문화가 발현한 시기는 나의 시대였다. 그리고 그 문화적 공간은 바로 화성이었다. 진경시대를 이룬 내 시대의 새로운 문화정책의 기반은 말할 것도 없이 화성이었다. 수원 화성은 우리가 알고 있는 성곽만이 아닌 도시 전체를 일컬음이니, 화성이 바로 내가 꿈꾸는 나라의 문화적 기반이었다.

　수원 화성에는 조선·중국·일본 성곽의 장점들이 모두 포함되어 있다. 동서양의 모든 문화를 수용하여 그것을 조선의 것으로 승화하고자 했던 나와 동시대 학자들의 포용력이 보여준 결과라고 할 수 있다. 남의 것을 배척하지 않는 열린 마음을 화성이 극명하게 보여주는 것이 바로 이 때문이다. 중국식 건물인 듯하면서도 조선식이고, 일본식 성벽인 듯하면서도 조선식인 것이다.

　나의 시대에 우리 산천을 고민하고 우리 민족의 삶을 고민하는 진경문화가 나타난 것이 결코 우연이 아니었다. 조선이 세계 문명의 중심이라는 조선중화주의가 나타난 것이 바로 이러한 사상에 대한 포용과 관용 때문이었다.

나 스스로도 문화의 중심에 설 수 있도록 엄청나게 노력했다. 내가《홍재전서》라는 문집을 펴냈다는 것을 알고 있을 것이다. 조선시대 국왕 중 문집을 낸 사람은 내가 유일하다. 국왕이 문집을 냈다는 것 자체가 특별한 경우이기는 하다.

모든 이가 나처럼 문집을 내야 한다거나 나와 같은 문화적 수준이 되어야 한다는 뜻은 아니다. 그럼에도 불구하고 처음 이야기를 꺼낸 것처럼 그대도 어떻게 하면 문화예술을 발전시킬 것인가에 대한 구체적인 청사진을 보다 더 다듬기 바란다. 국가 예산 중 어느 정도를 문화예술에 투자할 것이며, 문화예술을 기반으로 하는 문화콘텐츠 인재를 얼마나 육성할 것이고, 문화사업을 어떻게 성공적으로 발전시켜 나갈 것인지의 비전을 국민들에게 밝힐 필요가 있을 것이다.

17

이단 포용과 문화 다양성

○

조선의 건국이념이 사대교린과 숭유억불이란 것을 알고 있는가? 조선을 건국한 태조께서 정하신 근본이념이다. 사실 나는 이 건국이념이 탐탁치는 않다. 하지만 그것은 나의 시대까지 계승되어 내려왔다. 조선은 처음부터 사대교린을 강조함으로써 중국에 사대의 예의를 취하는 그런 불행한 나라가 되어버렸다. 이런 사대주의가 자연스럽게 숭유억불의 이데올로기와 결합되었다. 유교를 숭상하고 불교를 억누르는 사상이 사대와 연결되어서 매우 불행한 형태로 이어졌다.

나는 조선의 국왕으로서 이 문제에 대해서 매우 심각하게 생각하지 않을 수 없었다. 물론 나는 조선이 황제국가로 발전해

이재명에게 보내는 정조의 편지

야 한다는 생각이 분명했고, 그와 관련된 일을 실행에 옮겼다.

그럼에도 불구하고 내가 살고 있던 조선이라고 하는 나라는 유학이라는 학문 사상이 사대와 결합되어 있었다. 이것이 조선 사회를 매우 불행하게 만들었다고 나는 생각한다.

숙종대왕 시절에 중요한 사건이 일어났다. 우리가 경신환국庚申換局이라고 하는 정권교체 사건이었다. 숙종 즉위 초반에는 남인들이 정권을 잡고 있었다. 그래서 당시 영의정 허적, 병조판서 유혁연, 사림의 중요 인물 윤휴 등이 권력의 중심에 있었다. 특히 윤휴는 북벌론을 주장했고, 숙종은 그를 북벌론의 중심에서 일하게 하였다.

윤휴는 우암 송시열, 그리고 윤증의 아버지였던 윤선거와 같이 공부를 한 사이였다. 윤휴, 송시열, 윤선거 이 세 사람은 당대의 기라성 같은 학자들이었고, 친밀한 관계를 맺고 있었다. 그러나 이들의 당파로 볼 때는 기묘한 동거였다.

윤휴는 남인이었고, 송시열과 윤선거는 서인이었다. 그럼에도 불구하고 이들은 서로의 학문적인 능력을 인정하고 서로 연대해서 학문교류와 정치활동도 같이 하였다.

그런데 윤휴가 점점 독특한 사상적 사고를 드러내기 시작했다. 그것은 기존의 주자도통주의를 벗어나는 내용이었다. 윤휴

가 공자의 학문을 주자와 똑같은 내용으로 해석하지 않겠다고
한 것이다. 그는 "주자만이 어찌 절대적으로 옳을 수 있느냐?
나는 조선의 선비로서 조선 선비의 시각대로 공자의 학문을 재
해석하겠다."고 이야기하곤 했다.

이와 같은 윤휴의 생각을 들은 우암 송시열은 분노했다. 우
암은 주자를 절대적으로 존숭해야 한다는 인식을 갖고 있었던
학자였다. 그는 주자만이 절대 선이고, 주자는 절대 오류가 없
다고 강조했던 인물이었다. 이런 우암 송시열의 시각에서 볼 때
백호 윤휴가 이야기한 주자만이 절대적으로 옳을 수 있겠느냐,
라는 말은 역모와 다름없는 발언이었다.

그래서 송시열은 윤휴에게 발언을 철회하라, 그리고 주자존
숭주의에 합류하라고 계속해서 강요했다. 또 자기의 친구였던
윤선거에게도 윤휴와 절교하라고 요구하였다. 그러나 나중에
윤선거는 윤후를 지지하는 입장을 보였다. 훗날 송시열과 윤선
거의 아들 윤증은 이념의 차이로 갈라서서 노론과 소론 분화의
발단이 되었다.

문제는 송시열 일파가 다시 권력을 잡으면서 윤휴를 중심
으로 하는 세력을 모두 사형에 처했다는 것이다. 그 당시 허적
과 유혁연은 역모죄를 씌워 사형시켰는데, 윤휴만큼은 역모죄
로 사형을 시키지 않고 '사문난적'斯文亂賊, 즉 '공자의 난적'이라고
하는 사상범으로 몰아서 사형에 처했다. 윤휴의 죽음은 조선

사회에서 매우 불행한 사건이었고, 윤휴의 죽음 이후에 조선의 사상계는 철저하게 사대주의로 돌아섰다.

　나는 이것이 옳지 않은 일이라고 생각한다. 하지만 그 당시에 이 일은 되돌릴 수 없는 일이 되어버렸다. 실제로 조선 선비들은 윤휴의 죽음 이후 주자에 대해서 조금이라도 오류가 있다고 비판하는 것은 바로 죽음으로 연결될 수 있는 일이라고 생각했다. 그래서 주자만이 절대적으로 옳다고 말하고 행동하는 것이 조선 사회의 전반적인 분위기로 확산됐고, 그 이외의 다른 사상에 대해서는 일절 이야기할 수 없게 되었다.

　불교에 대해서도, 양명학에 대해서도, 또 노장사상에 대해서도 마찬가지였다. 더불어 서학에 대해서도 아무런 언급을 할 수 없었다. 그것이 긍정적이든 부정적이든 어떤 이야기도 할 수 없는 시대가 되었다. 즉 문화의 암흑시대로 변해간 것이다.

　물론 주자도통주의朱子道統主義를 강조하는 선비들의 입장에서 볼 때는 주자의 존숭시대가 열렸다고 할 것이다. 때문에 너무도 기쁘고 또 기다렸던 시대일 수 있다. 그러나 다양한 사상과 학문을 연구하고자 하는 보다 진보적 사고를 하는 사람들에게는 불행한 시대, 암흑의 시대였다.

　이런 암흑의 시대는 다양한 상상想像을 할 수 없게 만드는 시대다. 그리고 상상을 할 수 없는 시대는 문화가 발전할 수 없는 시대라고 나는 생각했다.

그래서 나는 나의 치세 동안은 사람들이 자유롭게 상상할 수 있는 시대를 만들고 싶었다. 그것을 기본으로 다양한 사상과 문화를 포용하고 받아들여주는 사회로 나아가게 하고 싶었다. 이것을 21세기 대한민국의 용어로 표현하자면 문화의 다양성이라고 할 수 있다.

내가 죽기 1년 전인 1799년(정조 23년), 《범우고》梵宇攷라고 하는 책이 간행됐다. 이 책은 조선에 있는 모든 사찰들의 현황을 기록한 것이다. 책의 서문을 내가 직접 썼는데, 이 책 서문에서 이렇게 썼다.

'조선의 승려들도 나의 백성이다. 이들이 천민 대우를 받아서 산에 숨어들어가고, 먹을 것이 없어서 굶어 죽고, 호랑이에 물려 죽고, 이런 안타까운 현실에 놓이게 되었다. 그래서 나는 이들을 구제하기 위해서 이들이 어떻게 살고 있는지 현황을 파악하기 위해서 《범우고》라고 하는 책을 짓게 했다.'

나는 불교에 대해서는 무척 관심이 많았다. 아버지 사도세자가 불교에 대한 관심이 많았기에 그 영향을 받기도 했지만 나 스스로도 불교에 대한 관심이 많았다. 불교란 자식을 원하면 자식을 주고, 마니를 원하면 마니를 주고, 보물을 원하면 보물을 주고, 수명을 원하면 수명을 준다고 함경도 안변의 석왕사 비문에 새겨 놓기까지 했다.

나는 아버지 사도세자를 위해서 원찰 용주사를 짓기도 했다. 조선시대 국왕 중에서 아버지를 위해서 원찰을 지었던 국왕은 몇 안 된다. 내가 그랬던 데는 이유가 있었다.

조선의 모든 백성들이 불교를 신봉하고 있는데, 이를 기득권자인 양반 사대부들이 철저하게 무시하고, 승려들을 천민으로 만들어버린 것은 올바르지 않은 일이었다. 나는 불교에서 말하는 자비가 유교의 인과 다르지 않다고 생각했다. 나는 깨달음을 얻은 부처이자 올바른 국왕이 되고 싶었다.

불경에도 이런 사람이 나온다. 인도의 아쇼카 국왕이다. 그는 스스로를 전륜성왕이라고 했다. 나 역시 전륜성왕과 같은 금륜성왕이 되고자 하였고, 아버지를 위하여 만든 화성 용주사에 석가모니불을 기증하면서 부처님을 위한 글에 내가 바로 금륜성왕이라고 하였다.

사실 속내는 불교에 대한 포용을 통해 조선이 주자도통주의만의 세상이 아니라고 선언하고 싶었다. 주자만이 절대적으로 올바르다고 하는 것은 올바르지 않은 생각이었다. 그런데 당시 기득권은 주자도통주의를 강조하지 않으면 무조건 배척하려 들었다. 심지어 죽이기까지 하였다. 지금 시대의 색깔론과 하나도 다르지 않다. 그대도 많은 이들에게 색깔론으로 공격당하고 있지 않은가.

어이가 없는 것은 문재인 대통령의 집안은 6.25 때 함흥에서 피난 내려 왔고, 그 자신 공수부대 출신임에도 극우 세력들이 그를 빨갱이라고 주장한다는 것이다. 나의 시대에서 몇 백 년이 흐른 21세기 대한민국에서 아직도 다양한 사상을 인정하려 들지 않고 빨갱이 타령을 하고 있으니, 비극의 시대가 아닐 수 없다.

나는 불교만 포용한 것은 아니었나. 당시에 사문난적의 대표적인 학문은 양명학이었다. 양명학은 학자들에게는 백성들의 더 나은 삶을 위해 학문을 연구해야 한다고 주장하고, 선비들에게는 올바르게 살아야 한다는 실천을 강조하였다. 나는 특히 양명학의 '지행합일'知行合一 정신을 좋아했다.

그래서 나는 관료들과 사대부들에게 양명학의 중요성을 강조했다. 사문난적이라고 배척할 것이 아니라 우리가 공부해야 할 학문이라고 말이다. 그리고 왕양명의 문장이 고금의 제일이니 반드시 읽어보기를 권하기도 했다.

양명학에 대한 나의 생각을 전하면서 나는 노장사상이 호연

지기를 키우는 데 큰 장점이 있음을 강조했다. 노장사상을 허무 맹랑하다고 이야기하는 사대부들도 있지만 이는 잘못된 생각이다, 공자가 노자를 존중하여 그를 찾아가 학문적 교류를 한 것은 너무도 유명한 역사이다. 그런데 이를 의도적으로 무시하고 노자와 장자를 배척하는 것은 올바른 일이 아니다.

서학도 포용하려고 노력했다. 나의 절대적인 지지 세력인 정약용 등이 서학을 신봉하여도 나는 그들을 이해하고 포용했다. 그리고 그 사상이 갖고 있는 군왕의 존재를 인정하지 않는다는 생각에 대해서도 그것이 모두 올바른 것은 아니지만 얼마나 나라 경제가 힘들면 이들이 이런 생각을 할까 싶었다. 서학을 신봉하는 것은 나를 비롯한 나라의 지도자들이 백성들의 삶을 안정되게 하지 못해서 나온 것이라고 생각했다. 중요한 것은 백성의 삶을 유린하는 것만 아니라면 모든 사상을 자유롭게 인정해야 한다는 것이다.

여기에 더해 나는 대간들이 강조하는 언론의 자유도 주었다. 나를 비판하는 언론에 재갈을 물리게 되면 나는 더욱 나만의 오류에 빠지게 되고, 나라는 다양성을 상실하여 문제가 발생하기 마련이다. 그래서 나는 나에 대한 비판을 자유롭게 할수 있게 하고, 다양한 토론을 주도했다. 그런 덕분에 나의 시대가 문화도 발전하고 사상의 자유도 생기게 된 것이다.

나의 그러한 노력이 훗날 동학에 큰 영향을 주었다고 생각한다. 동학농민전쟁의 핵심 세력인 전봉준, 김개남, 손화중이 나의 애제자 정약용의《목민심서》와《경제유표》를 탐독하고, 이를 동학운동의 준거로 삼았다는 것이 호남지역에서 내려오는 이야기들이다. 그러니 내가 이렇게 이야기해도 크게 틀리지는 않을 것이다.

아직도 대한민국은 남북 분단으로 인한 이데올로기 문제가 심각하다. 지역 갈등만큼이나 좌우 대립과 색깔론이 판을 치고 있다. 진보적 인사들을 공격할 때면 색깔론을 전가의 보도처럼 사용하고 있는 것이 개탄스러운 현실이다.

이런 현실의 가장 근본적인 원인은 남북 분단이라고 생각한다. 남북의 대결 구도에서 파생되는 것들이다. 남북의 화해 무드가 조성되었을 때는 색깔론이 먹히지 않지만 대립구도가 강할 때는 색깔론이 극성해진다. 경제가 활성화되어도 색깔론이 판을 치는 시대는 건강한 시대가 아니다. 그러므로 색깔론을 극복하고 문화의 다양성을 존중하는 시대를 만들기 바란다.

18

황제의 나라와 자주국가 건설

내가 하고 싶었던 가장 중요한 일 중의 하나가 중국에 사대하지 않는 자주적인 국가를 만드는 일이었다. 이는 나의 아버지 사도세자가 꿈꾼 나라이기도 했다. 아버지는 그러한 자주국가를 만들기 위해 노력하다가 사대주의자들에 의해 죽임을 당한 것이라고 나는 생각한다.

생각의 차이는 있겠지만 그대가 살고 있는 시대에 진보에 속하는 사람들은 조선이라는 나라가 중국에 사대를 하는 것을 건국이념으로 삼은 것에 대해 부끄러워하기도 할 것이다. 물론 당시에는 명나라의 위력이 너무 컸기 때문에 어쩔 수 없이 사대교린이라는 건국이념을 만들었지만 요즘의 사람들은 쉽게 인정하기 힘들 것이다.

　내가 살던 시대의 지식인들도 그러했다. 실학자라고 불리는 박지원이나 박제가 그리고 홍대용, 정약용 같은 이들은 모두 청나라의 예속으로부터 벗어나는 자주국가를 만들고 싶어 했다.
　박제가는 자신에게 1만의 군대를 주면 요동을 정벌할 수 있다는 호방한 글을 쓰기도 했고, 홍대용은 한 손으로 산해관의 문을 밀고 들어가겠다고 했다. 그대도 읽어보았겠지만, 박지원의 《열하일기》를 보면 청나라 오랑캐들이 겁이 많아 호랑이 울음소리만 들어도 오금을 펴지 못한다고 적혀 있다. 그들 모두는 조선이 경제적으로 부유해지고 군사적으로 강력해져서 반드시 청나라로부터 벗어난 자주국가가 되기를 희망했다.
　나 역시 마찬가지다. 오히려 그들보다 더 강하게 조선이 자주국가가 되기를 원했다. 아니 정확히 말하자면 '황제의 국가'가 되기를 소망했다. 하다못해 고려시대에도 황제를 칭했는데, 고려보다 발전된 조선에서 황제를 칭하지 못하고 왕이라 하고, 짐이라 하지 못하고 여라고 임금이 스스로를 지칭해야 했으니 이 얼마나 부끄러운 일인가?

　그래서 나는 황제의 국가를 만들기 위한 노력을 은밀히 시작했다. 그것은 바로 '만'萬자와 '황'皇자를 사용하는 것이었다.

혹시 알고 있는가? 조선시대에 '萬'자는 감히 쓸 수 없는 글자였다는 사실을 말이다. 그 이유는 바로 중국 황제만이 쓸 수 있는 글자였기 때문이다. 그래서 조선은 '萬'자와 '皇'자를 쓸 수 없었다. 지금 생각해보면 참으로 우습고도 부끄러운 일이 아닐 수 없다.

어쩌면 조선의 사대부들은 자신들의 조국이 조선이 아니기를 바랐는지도 모른다. 조선의 사대부들은 철저하게 중국의 신하되기를 원했고, 백의민족이 아닌 한족이 되고 싶어 했다. 아니 중국의 한족보다도 더한 한족이 되고 싶어 했다.

그래서 사대부들 중에는 중국어를 배우는 이들이 많았다. 중국과 소통하여 조선에 이익을 주기 위해서가 아니라 모국어로 배워 중국인이 되고 싶은 욕망 때문이었다.

조선 이전 고려가 원나라에 예속되어 있을 때 친원파를 자처한 권문세족들이 몽고족보다 더한 몽고족이 되기를 바랐고, 일본이 우리나라를 강점해서 식민지 시대가 되었을 때 일본에 아부하여 기생하는 친일파들이 일본인들보다 더한 일본인이 되고 싶어 했던 것과 전혀 다르지 않은 모습이다. 깊이 반성해야 할 것이다!

독립적인 국가가 그래서야 되겠는가? 이처럼 한 나라가 주체성 없이 강대국에 예속되어 비굴하게 눈치만 보고 살아서야 되겠는가? 물론 나도 할 말은 없는 입장이다. 나 역시 조선의 왕으로 중국과 맞서 싸우지 못했으니 말이다.

그렇다고 해서 조선시대 지배층인 양반 사대부들이 모두 중국을 사대한 것은 아니었다. 조선 중기 뛰어난 학자이자 호걸이었던 백호 임제는 이러한 유언을 남겼다.

> "사해의 모든 나라가 황제를 칭하는데, 이 조선은 그렇게 하지 못하니 부끄럽다. 그러니 내가 죽거든 곡哭을 하지 말라."

참으로 대단한 인물이 아닐 수 없다. 그렇듯 나라가 스스로 중국의 제후국가가 된 것을 부끄러워한 자주적 지식인들이 있었기 때문에 내가 미약하나마 중국에 대항하려고 했던 것이다.

다시 앞의 이야기로 돌아가면, 조선시대는 중국에 사대하였기 때문에 신하들은 임금에게 하례를 할 때 만세萬歲를 부르지 못하고 천세千歲를 불렀다. 임금이 즉위할 때도 '천세, 천세, 천천세!'를 외쳤다. 철저하게 제후의 언어를 사용한 것이다.

이후 조선은 만萬자는 금기의 문자로 정착되었다. 돈을 이야기하거나 땅의 넓이를 이야기할 때처럼 숫자로서는 만자를 사용할 수 있었으나 황제를 상징하는 언어나 국가의 위상을 상징하는 문자로는 사용하지 않았다. 아니 할 수 없었다.

나는 이것을 너무너무 부끄럽게 생각했다. '이제 우리도 중국에 대한 사대 의식을 뛰어 넘자. 선조인 효종대왕과 아버지 사도세자가 만들고자 했던 자주국가를 만들어야 한다.' 그렇게 되뇌었다. 결국 나는 이 금기의 문자인 '만'자를 사용하기로 했다.

물론 지금 시대의 관점으로 보면 내가 하는 행동이 너무 소극적이라고 실망할 수도 있을 것이다. 하지만 당시로서는 매우 파격적인 일이었으며, 대단한 용기를 필요로 했다. 지금의 잣대로 생각하지 말고 나의 시대의 눈으로 평가하면 수긍이 될 것이다.

나는 이 글자를 나의 친위도시이자 국가 개혁의 혁신도시인 수원 신도시를 건설하기 시작하면서부터 사용하기 시작했다.

그때 수원으로 행차하기 위해 한강 건너 노량진에서 시흥을 지나 안양과 군포를 거쳐 수원까지 이르는 새로운 도로를 만들었다. 신작로新作路를 개통한 것이다.

이 신작로 가운데 안양천이 있었는데, 그 천을 건너기 위해 거대한 석조 다리를 만들었다. 당대 최고 수준의 석공들이 참여하여 만든 다리였다. 지금도 이 다리는 그대로 남아 있는데 나는 이 다리의 이름을 만안교^{萬安橋}라고 지었다. 만년 동안 백성들을 편안하게 하겠다는 의지를 담아 이름을 지은 것이다. 이 다리 이름을 지으면서 처음으로 중국 황제의 문자이자 언어인 '만'자를 사용했다.

그리고 수원에 다다라 아버지 사도세자의 묘소 앞에 흐르는 천을 건너기 위해 두 곳의 거대한 석조 다리를 만들면서 '황'^皇자를 사용했다. 황교^{皇橋}, 대황교^{大皇橋}가 그 다리의 이름이다. 이 다리 이름은 아마 들어보았을 것이다. 현재 경기도 수원시에 남아 있는 다리 이름이다. 오늘날엔 이 다리가 있는 마을을 황교동, 대황교동이라고 부른다.

그뿐만이 아니었다. 이 '만'자를 사용하는 시설물을 또 만들었다. 내가 왕이 된 지 19년이 된 해에 나의 어머니 혜경궁의 회갑 진찬연을 수원 화성행궁에서 개최했다.

그때 행사비용을 절약해서 돈 1만 냥을 남겼다. 그 1만 냥으로 수원 북쪽에 둘레가 1.5km에 이르는 상당히 큰 저수지를 만들었다. 그러면서 농업개혁을 하고자 하는 원대한 뜻을 담아 만든 저수지의 이름을 '만석거'^{萬石渠}라고 이름 지었다. 숫자상으로 쌀가마니로 만 석을 얻을 수 있는 저수지라고 하는 의미는 겉에 내세우고 속으로는 황제의 도시를 선언하는 이름이었다.

또한 나는 일찍부터 수원을 중국 한나라, 당나라 때의 수도인 장안^{長安}과 바로 옆에 있는 도시 낙양과 정주를 연결하는 삼보^{三輔} 체제로 만들고자 하였다. 수도 한양과 수원, 그리고 남한산성이 있는 광주^{廣州}를 삼보체제로 만들기로 한 것이다. 황제만이 건설할 수 있는 삼보체제를 만들어 조선이 중국과 대등한 나라, 중국으로부터 자주적인 나라를 만들겠다는 의지를 보인 것이다.

이후 나는 1798년(정조 22년)에 아버지 사도세자의 묘소인 현륭원의 풍수에 적용하기 위해 만들어졌던 연못을 확대하여 백성들의 농사에 도움이 될 수 있는 저수지 '만년제'^{萬年堤}를 만들었다. 이제 황제의 도시인 삼보체제 건설에 더욱 자신감이 생긴 것이다. 여기에 더해 나는 1799년(정조 23년)에 수원 서쪽에 '축만제'^{祝萬堤}를 만들면서 또다시 황제의 문자인 '만'^萬을 사용하였다.

이렇게 '만'자와 '황'자를 쓰는 것이 별것이냐고 우습게 생각할 수도 있겠다. 하지만 당시로서는 엄청난 파격이었다. 만약 내가 더 오래 살았다면 계속해서 전국에 '만'자를 사용한 다양한 시설을 만들었을 것이다.

아무튼 나는 이렇게 황제의 국가가 되려는 노력을 했다. 당시 중국만이 만들 수 있는 달력도 만들었다. 그런데, 나는 이를 두려워하지 않았다. 세종대왕 시절에 천문을 연구한다고 명

나라가 제동을 걸었던 것을 기억하는가? 천문 연구와 달력 제작은 황제의 국가만이 할 수 있는 일이었다. 중국은 황제의 국가로서 새해의 달력을 조선에 내려주며 황제국가로서의 위신을 세웠다. 우리는 황제국가에 순종하는 공손함을 표시하기 위해 중국이 내려주는 달력을 받았던 것이다.

어쩔 수 없이 사신을 보내 청나라로부터 달력을 받긴 했지만 나는 우리 고유의 달력을 만들도록 지시했다. 관상감에서는 세종대왕 시절보다 더욱 깊이 천문 연구를 하게 했고, 평민 출신이지만 천문 연구 전문가인 김영이란 인물을 등용하였다. 나는 즉위한 다음 해에 천세력千歲歷이란 달력을 만들게 하였고, 서양의 과학기술을 적용하여 중국보다 나은 달력을 만들었다. 이는 바로 중국으로부터 벗어난 사주적인 국가를 수립하려는 노력이었다. 이 부분을 인정해주었으면 좋겠다.

지금은 21세기다. 하지만 대한민국은 아직도 자주국가로서의 위상을 갖추지 못하고 있다는 시각도 있다. 남한의 영수인 대통령과 북한의 영수인 국무위원장이 백두산까지 올라가서 손을 맞잡고 남북화해와 협력을 합의하기도 했다. 그러나 미국의 눈치를 보느라 개성공단도 부활시키지 못하고, 금강산 관광도 재개하지 못하고 있잖은가. 이 얼마나 안타까운 일인가.

그대는 김대중 정부의 햇볕정책, 노무현 정부의 평화번영정

이재명에게 보내는 정조의 편지

책, 문재인 정부의 한반도 평화 프로세스를 계승, 발전시키겠다고 선언했다. 특히 문재인 정부의 '한반도 운전자론'을 이어받아 주체적인 중재자·해결사 역할을 하겠다고 말하지 않았는가!

그러니 그대는 더 이상 미국 눈치, 러시아 눈치, 중국 눈치를 보지 않고 당당하게 살아갈 수 있는 나라를 만들기를 바란다. 우리 역사에서 지금까지 어느 지도자도 이루지 못했던 자주국가의 꿈을 그대가 이루어주기를 진심으로 바란다. 진보와 보수, 지역과 계층 갈등을 극복하고 서로를 이해하고 보듬으며 함께 노력하여 세계적인 나라로 발전하는 대한민국을 기대한다.

마치는 글

실학 정신으로 대동세상을!

ㅇ

혹시 수차水車에 대해 들어본 적이 있는가? 아마도 처음 들어보는 이야기일 수 있겠다. 수차라고 하는 것은 아래에 있는 물을 높은 곳으로 올리는 도구라고 할 수 있다. 내가 살던 조선시대에는 아래에 있는 물을 위로 올리는 것은 현실적으로 거의 불가능했다. 그러나 농사를 짓기 위해서는 때론 물을 아래에서 위로 올려야 했다. 그래서 백성들이 크게 힘들이지 않고 올릴 수 있는 방법이 무엇일까 많은 고민을 했다.

그런 방법을 연구하던 차에 연행사로 청나라로 떠났던 신하들이 우리의 물레방아와 비슷한 중국의 수차라는 기계를 보고 돌아와서 나에게 제작 건의를 했다. 수차를 제안한 사람들은

이재명에게 보내는 정조의 편지

박제가, 이덕무, 박지원 등 당대의 실학자로 불리는 사람들이었다. 나는 그들 실학자들의 의견을 적극적으로 받아들여서 수차를 만들게 했다. 그 덕분에 농업의 수확이 크게 늘어났다. 이런 까닭 때문인지 후세 사람들은 나의 시대를 실학의 시대라고 평가한다.

그대가 실학에 대한 관심이 매우 높다는 것을 잘 알고 있다. 아무리 좋은 사상이라 하더라도 현실에 적용시켜서 구체적인 정책으로 만들지 않는다면, 그것은 모래 위에 성을 쌓는 것과 다르지 않다. 사상누각 같은 학문과 사상은 기초가 불안하기 때문에 현실에서는 무의미하다고 할 수 있다. 물론 형이상학도 우리가 생각하지 못하는 더 높은 차원의 생각을 만들어 내는 데 도움이 될 수 있지만, 지금 우리에게 필요한 것은 현실에서 백성들 혹은 국민들을 이롭게 할 수 있는 실용적인 생각과 정책이다.

그러나 형이상학에만 치우쳐 실용지학과 국방을 소홀히 하고 자신들의 이익만을 지키려 하다 보니 결국 나라는 파탄이 나고 백성들은 고통 속에 빠지게 되었다. 그 대표적인 일이 바로 임진왜란이었다.

임진왜란이 발발하였을 때 일본군은 20일 만에 한양을 점령

했다. 참으로 놀라운 일이었다. 부산에서부터 서울까지 올라오는데 대개 20일 정도 걸린다. 그런데 전투를 하면서 올라왔음에도 일본군은 20일 만에 한양을 점령한 것이다.

그때 선조는 깜짝 놀라서 개성으로 도망을 가고 말았다. 임금이 백성을 내버리고 혼자만 살겠다고 도망을 갔던 것이다. 선조가 도망갈 때 백성들은 임금의 가마에 돌을 던졌다. 감히 백성들이 임금의 가마에 돌을 던지다니, 가히 충격적인 일이었다!

그리고 백성들은 경복궁으로 몰려가서 궁궐에 불을 질러버렸다. 한양에 있는 노비들도 경복궁 안에 있는 노비 문서를 태우기 위해서 함께 불을 질렀다. 백성들은 이미 조선의 왕과 조선 정부를 인정하지 않았던 것이다. 또한 '사농공상'土農工商이라고 하는 신분 체제 역시 인정하지 않으려고 했던 것이다.

임진왜란 당시 백성들이 마음먹고 왕실과 조정을 배격했다면 왕조가 교체가 되었을 것이다. 만약 그랬다고 한다면 나는 조선의 22대 국왕이 되지 못했을지도 모른다. 어쨌든 당시 사대부들은 임금의 가마에 돌을 던지는 모습을 보면서 충격을 받았다.

그리고 이후 병자호란 때도 백성들은 왕실의 권위에 도전했다. 김포 앞바다에서 강화도로 가는 배에 왕비와 세자 그리고 봉림대군이 타고 갈 때 백성들은 자기들도 함께 타자고 배를 놓아주지 않았다. 당시 장군들이 칼을 뽑아들고 휘두르고서야 백성들이 배를 놓아주어 겨우 출발할 수 있었다. 그렇지 않았다면 왕비가 탄 배는 강화도에 들어갈 수도 없었다.

이러한 현실을 당시의 일부 학자들은 매우 의미심장하게 받아들였다. 백성들이 왜 이런 행동을 하는 것인지, 백성들이 감히 하늘과도 같은 존재인 임금에게 어찌 돌을 던지는 것인지 고민했다. 만약에 평소에 기득권 세력이 백성들에게 더 많이 베풀고 백성들을 아꼈다면 이런 행동을 했었을까?

양반 사대부 혹은 왕실의 종친 등을 포함한 모든 기득권 세력들은 언제나 자기들의 이익만을 생각했다. 그랬기에 백성들의 삶과 고통에 대해 전혀 무관심했다. 이런 기득권의 이기적인 모습을 보고도 참아왔던 백성들의 분노가 폭발하여 그들에게 돌을 던졌다는 것을 그들은 그제야 알게 되었다.

백성들도 인간다운 삶을 살고 싶었다. 하지만 소수의 양반들만을 위한 사회에서 자신의 권리를 주장하지 못하고, 그들을 위해 희생하는 삶을 살아야 했다. 결국은 이런 현실이 계속 이어지다 보니 백성들이 양반 사대부들의 지배 체제에 항거하고, 사회 체제를 근본적으로 바꾸려는 노력을 하게 되면서 민란의 토대가 마련된 것이다.

돌을 던지는 백성들의 모습을 본 지식인들은 그런 이치를 파악했다. 외세와의 전쟁보다 더 심한 민란이 나타나면 단순히 왕조의 교체만이 아니라 완전히 새로운 방식의 백성의 나라가 만들어질 거라는 생각을 하게 되었다.

그래서 일부 학자들은 양반 사대부 및 금력을 가지고 있는 기득권들이 스스로의 권한을 조금만 내려놓자고 이야기하기 시작했다. 백성들의 숨통을 조금이라도 틔어주는 것이 필요하다고 생각한 것이다. 어찌 보면 백성들에게 당근을 주어야 한다는 주장이었다. 사실상 이렇게 기득권을 작게라도 내려놓자고 이야기한 것이 실학의 출발이라고도 할 수 있다.

그런데 기득권 세력들은 자신들이 갖고 있는 이 권한을 조금이라도 내려놓고 싶은 생각이 추호도 없었다. 기득권을 내려놓자는 세력은 실하 정신을 갖고 있는 세력이고, 기득권을 절대 내려놓지 못하겠다고 하는 세력은 바로 오늘날까지 권력을 유지하고, 계속해서 기득권을 갖고 있는 세력들이라고 할 수 있다.

연암 박지원이 중국 청나라를 다녀와서 했던 유명한 이야기가 있다. 중국 사람들이 가장 보배롭게 여기는 것이 두 가지가 있는데 첫째는 소똥·말똥이요, 두 번째는 깨진 기왓장이라고 했다.

우리 조선 사람들은 소똥이나 말똥이 길거리에 떨어져 있으면 인상을 쓰고 치워버리고, 깨진 기왓장은 사용하지 않는다. 우리나라 백성들은 반듯하고 깨끗한 것을 좋아하지 깨진 것, 더러운 것은 싫어한다.

그러나, 중국 사람들은 길거리에 떨어진 소똥과 말똥을 주워 말려서 겨울철에 불을 때는 연료로 사용한다. 버려진 소똥과 말똥을 어떻게 실용적으로 이용할 것인지를 연구한다. 비록 냄새가 심하더라도 산에 있는 나무는 아끼고 땔감으로 사용하지 않는다.

중국인들은 깨진 기왓장은 길에 깔아 도로를 평평하게 만든다. 연암 박지원이 깜짝 놀란 것은 자금성에서 백리나 떨어진 영통교라고 하는 다리에서부터 자금성까지 이어진 도로의 바닥 전체에 기왓장과 벽돌이 깔려 있어 수레가 평평한 도로를 다닐 수 있는 것이었다. 연암은 우리 조선은 수레를 사용하지 않고 사람들이 등에다 짐을 지거나 아니면 손에 들고 다니기 때문에 많은 물품을 나르지 못하는데, 중국은 수레를 통해서 많은 물품을 나르고 또 배를 이용해서 더 많은 물품을 나르기 때문에 번영한다는 생각을 했다.

나는 연암의 《열하일기》를 읽고, 이어 박제가와 이덕무가 중국을 다녀와서 썼던 《연행록》도 보았다. 그리고 깨우쳤다. 아! 중국 사람들이 얼마나 실용적인 사고를 하고, 실용적 사고를 통해서 백성들을 위한 정책을 만들어내는지 감탄하게 된 것이다. 당시 내가 볼 수 있었던 최고의 선진 문물은 중국이었고, 중국을 다녀온 사람들의 이야기가 가장 선진적일 수밖에 없었다.

농업을 중요시 여기는 사람들에게 있어서 중요한 실학적 내용들은 바로 농토를 개간하고, 퇴비를 이용해서 그 농토를 기름지게 하는 것이다. 그래서 퇴비와 거름을 만들어서 농토를 비옥하게 하고, 저수지를 만들어서 저수농법을 이용하게 해야 한다.

내가 나라를 다스리기 이전까지 대부분의 농사는 직파법이었다. 즉 볍씨를 땅 위에 그대로 뿌리는 것이다. 모내기는 하지 않았다. 모내기를 하기 위해서는 물을 공급해서 모판을 만들고, 다시 그것을 논에 옮겨 심어야 했다. 그러기 위해서는 매우 많은 수고가 필요했다.

이런 힘든 과정을 싫어했던 농부들은 그냥 직파법으로 볍씨를 뿌렸다. 그리고 흙으로 볍씨를 살짝 덮기만 했다. 그런데 이 방법은 문제가 많았다. 제일 큰 문제는 바람이 심하게 불면 뿌려 놓은 볍씨들이 모두 날아가 버려서 농사를 망치는 것이었다. 아니면 새가 와서 볍씨를 쪼아 먹어서 실제 뿌린 볍씨의 삼분의 일밖에 거둬들이지 못하는 것이었다. 기본적으로 농업의 방식을 혁신하지 않으면 절대로 수확량을 늘릴 수 없었다.

나는 저수지를 만들고, 물 공급을 안정화해서 논농사의 혁신을 꾀했다. 그래서 이전에 비해 벼 생산량이 엄청나게 증가했다. 또 대장간을 적극적으로 활용해서 편리하고 다양한 농기구들을 만들어 적극적으로 활용하게 했다.

나는 노량진에서부터 수원까지 평평한 대로를 만들었는데, 이는 철저하게 실학적 사고를 바탕으로 건설한 것이다. 어머니 혜경궁의 회갑연을 핑계 삼아 만들었지만, 평평한 도로를 만들어서 수레를 다니게 함으로써 물품 유통의 혁신을 가져오게 했다. 그전에는 서울로 올 때 무조건 과천의 남태령을 넘어와야 했기 때문에 수레가 다닐 수 없었다. 그래서 노량진에서부터 수원까지 시흥대로를 만들어서 평평한 도로 위에 수레들이 다닐 수 있게 하였던 것이다. 이처럼 수레를 적극적으로 활용해서 새로운 문화를 만들고 실학적 사고의 정책을 만들었다. 그런 부분에서는 매우 자랑스럽게 생각하고 있다.

내가 이렇게 실학정신으로 개혁을 추진한 것은 기득권이 갖고 있는 권한을 철저하게 내려놓게 하기 위함이었다. 그리하여 백성들이 경제와 사회 그리고 나아가 역사의 중심이 되게 하고 싶었다. 백성들이 원하는 대동세상을 만들고 싶었던 것이다. 그리고 어느 정도는 성공했다.

그러나 억강부약을 통해 백성이 행복한 나라를 만들려고 한 나의 개혁이 완전히 성공했다고 말하기는 어렵다. 기득권 세력은 나의 개혁을 받아들이는 척하면서도 자기들의 이익을 지키기 위해 갖은 술수를 부렸다. 그리고 그들은 나의 약점을 파고들었다.

나의 개혁을 반대하고 기득권을 지키려는 강고한 세력들은 먼저 나와 함께 개혁을 하고자 하는 소중한 일꾼들을 내게서 앗아갔다. 이가환, 정약용, 정약전, 이승훈 등 개혁의 주체 세력들에게 서학과 연관된 인물이라는 색깔론을 입혀서 조정에서 내쫓았다. 나는 그들의 공격에 대응하였지만 너무도 강한 그들의 세력을 무너뜨릴 수 없었다. 그래서 마지막에는 적당히 타협할 수밖에 없었다.

결국 적당한 타협으로 인하여 내가 추구했던 억강부약의 정치는 원하는 만큼의 성공을 거두지 못했다. 실패했다고는 할 수 없지만 성공했다고도 할 수 없다.

내가 그대에게 하는 마지막 당부는 억강부약의 정책을 반드시 실현시키라는 것이다. 그리고 줄곧 이야기한 대로 그 과업은 실학정신을 기반으로 해야 한다. 이상적인 정책도 물론 중요하지만 현실과 괴리된 정책은 결코 나라와 국민을 위한 정책이 될 수 없다.

그리고 그대와 함께 하는 개혁세력을 반드시 지켜내야 한다. 대통령에 당선된다면 초기에는 기득권 세력들도 숨죽이고 조용히 있겠지만 시간이 조금만 지나면 승냥이마냥 떼거리로 그대를 공격하고 물어뜯을 것이다. 그러니 반드시 당신과 함께하는 개혁의 일꾼들을 지켜내야 한다. 그들을 지키는 것은 단순히 그대를 지키는 것뿐만 아니라 약자들을 보호하는 것이기도 하다.

이제 모든 이야기를 마무리할 시간이다. 이렇게 길게 이야기할 줄은 예상하지 못했다. 그대처럼 가난하고 힘없는 흙수저가 이 자리까지 올 줄은 몰랐던 것처럼.

먼저 그대가 지금 이 자리까지 올라온 것만 해도 높이 치하한다. 그리고 마지막까지 최선을 다해 국민을 위해 일할 수 있는 위치에 반드시 오르기를 바란다.

21세기 대한민국이라는 나라를 개혁하여 더 이상 강한 자가 없고, 더 이상 약한 자가 없는 나라를 만들어주기 바란다.

누구나 자신의 능력을 바탕으로 나라와 사회를 위해 일할 수 있는 시대를 만들기를 바란다.

그대를 위해 온 정성을 다해 기원할 것이다.

그대의 굽은 팔이 모든 국민들의 축 처진 어깨를 잡아줄 수 있게 최선을 다해 주기 바란다.

내가 이루지 못한 개혁의 세상을 반드시 이루어 주기를 바란다.

아! 진정한 대동세상이 실현되는 것이 느껴지면서 온 몸에 전율이 흐른다.

만천명월주인옹!

답장을 대신하여

이재명 20대 대통령선거
민주당 후보경선 출마선언문

존경하는 국민여러분!
사랑하는 더불어민주당 당원동지 여러분!

"대한민국은 민주공화국이다."
"대한민국의 주권은 국민에게 있고 모든 권력은 국민으로부터 나온다."

대한민국 헌법 제1조를 읽으면서 두렵고 엄숙한 마음으로 20대 대통령선거 출마를 선언합니다.

우리가 국가를 만들고 함께 사는 이유는 더 안전하고 더 나은 삶을 위해서입니다.

국민의 주권의지를 대신하는 정치는 튼튼한 안보로 국민의 생명과 안전을 지키고, 공정한 질서 위에 국민의 더 나은 삶을 일궈내야 합니다.

약자의 삶을 보듬는 억강부약 정치로 모두 함께 잘 사는 대동세상을 열어가야 합니다.

국민의 피와 땀으로 대한민국은 선진국이 되었습니다.
우리 기성세대는 비록 현실은 척박해도 도전할 기회가 있었고, 내일은 더 나을 것이라 믿어지는 세상을 살았습니다.

그러나 오늘날 대한민국 국민의 삶은 위기를 맞고 있습니다.
취약계층이 되어버린 청년세대의 절망이 우리를 아프게 합니다.
국민의 위기는 곧 국가의 위기입니다.

'오늘은 어제보다 더 안전해졌는가. 내일은 오늘보다 더 나을 것인가'라는 국민의 질문에 정치는 답해야 합니다.

이재명에게 보내는 정조의 편지

에너지대전환과 디지털대전환이 산업경제재편뿐만 아니라 일상생활의 틀마저 바꾸도록 요구하는 것도 또 다른 위기입니다.

누군가의 부당이익은 누군가의 손실입니다.

강자가 규칙을 어겨 얻는 이익은 규칙을 어길 힘조차 없는 약자들의 피해입니다.

투기이익 같은 불공정한 소득은 사람들의 노동 의욕을 떨어뜨리고, 불평등과 양극화를 키웁니다.

과거 어느 때보다 더 많은 자본, 더 나은 기술, 더 훌륭한 노동력, 더 튼실한 인프라를 갖추었음에도 지금 우리가 저성장으로 고통 받는 것은 바로 불공정과 불평등 때문입니다.

불평등과 양극화는 상대적 빈곤이라는 감성적 문제를 넘어서서, 비효율적 자원배분과 경쟁의 효율 악화 때문에 성장동력을 훼손하고 경기침체와 저성장을 초래합니다.

저출생, 고령화, 실업, 갈등과 균열, 사교육과 입시지옥 같은 모든 문제들은 저성장에 의한 기회빈곤이 주된 원인입니다.

투자만 하면 고용, 소득, 소비가 자동으로 늘어 경제가 선순환하던 그런 고도성장 시대는 갔습니다.

이제는 투자할 돈은 남아돌고 성장해도 고용이 늘지 않는 시대입니다.

줄어든 기회 때문에 경쟁이 과열되고, 경쟁 과열은 불공정에 대한 불만을 분노로 바꿨습니다.

이제 승자만 생존하는 무한경쟁 약육강식이 일상이 되고 말았습니다.

풀 수 없는 매듭은 자르고, 길이 없는 광야에는 길을 내야 합니다.

사람이 만든 문제는 사람의 힘으로 얼마든지 해결할 수 있습니다.

정치의 요체는 이해관계 조정이기 때문에 더 많은 사람에게 더 많은 혜택이 돌아가는 개혁정책일수록 기득권의 반발은 그만큼 더 클 수밖에 없습니다.

정치는 아이디어 경진대회가 아니고 정책에는 저작권도 없습니다.

수많은 정책 중에서 가장 효율적인 정책을 선택하는 것은

이재명에게 보내는 정조의 편지

바로 용기와 결단의 문제이고, 강력한 추진력이 있어야 개혁정책은 성공할 수 있습니다.

역사를 돌이켜보면 공정한 나라는 흥했고 불공정한 나라는 망했습니다.
공정한 사회에는 꿈과 열정이 넘치지만, 불공정한 사회는 불가피하게 좌절과 회피가 잉태됩니다.

규칙을 지켜도 손해가 없고 억울한 사람도 억울한 지역도 없는 나라, 기회는 공평하고, 공정한 경쟁의 결과로 합당한 보상이 주어지는 그런 사회여야 미래가 있습니다.

공정성 확보, 불평등과 양극화 완화, 복지확충에 더해서, 경제적 기본권이 보장으로 모두가 최소한의 경제적 풍요를 누리는 사회여야 지속적 성장과 더 나은 국민의 삶이 가능합니다.

경제는 기본적으로 민간과 시장의 몫이지만, 대전환시대의 대대적 산업경제구조 재편은 민간기업과 시장만으로는 감당이 어렵습니다.
대공황시대의 뉴딜처럼 대전환의 시대에는 공공이 길을 내고 민간이 투자와 혁신을 감행할 수 있게 만들어줘야 합니다.

규제합리화로 기업의 창의와 혁신이 가능한 자유로운 공간을 확보해야 합니다.

미래형 인적자원 육성시스템을 만들어서 기초 및 첨단 과학기술을 육성하고 문화콘텐츠 강화를 위해서 문화예술 지원을 확대해야 합니다.

대대적 인프라 확충과 강력한 산업경제 재편으로 투자기회를 확대하고 신성장동력을 발굴해야 합니다.
그래야 새로운 일자리와 지속적 공정성장이 가능합니다.

반걸음 늦으면 끌려가는 것이지만, 우리가 반걸음만 앞서면 위기를 기회로 만들 수 있습니다.
전 세계적 위기는 우리 경제가 과거의 고단한 추격경제에서 선도경제로 나아갈 수 있는 절호의 기회입니다.

한반도평화경제체제 수립, 대륙을 여는 북방경제 활성화도 새로운 성장에 큰 힘이 될 것 같습니다
약속을 어겨도 제재가 없는 정치에선 공약위반이 다반사입니다.
그래서 정치는 불신과 조롱의 대상이 됐습니다.

이재명에게 보내는 정조의 편지

전문가 몇 명이면 그럴듯한 공약은 얼마든지 만들 수 있습니다.

현재라는 거울에 비친 과거가 바로 미래입니다.

누군가의 미래가 궁금하시면 그의 과거를 보시면 됩니다.

저 이재명은 지킬 약속만 하고 한번 한 약속은 반드시 지켰습니다.

성남시장 8년, 경기도지사 3년 동안 공약이행률이 90%를 넘긴 이유가 바로 그 때문입니다.

주권자 중심의 확고한 철학과 가치, 용기와 결단, 그리고 강력한 추진력으로 저항을 이겨내면서 성과로 증명했습니다.

위기를 이겨온 사람만이 위기를 극복할 수 있습니다.

기회는 누구나 활용하지만, 위기를 기회로 바꾸는 것은 아무나 할 수 있는 일이 아닙니다.

위기가 더 많았던 흙수저 비주류 출신이지만 위기를 기회로 바꾸며 성과를 만들어 온 저 이재명이야말로 위기의 대한민국을 희망민국으로 바꿀 수 있습니다.

청년배당으로 난생처음 과일을 사먹었다는 청년, 극저신용

대출 덕에 다시 살아보기로 했다는 한부모 가장, 재난기본소득 덕분에 가게 문을 닫지 않았다는 소상공인, 경기도의 도움으로 체불임금을 받아서 행복하다는 알바청소년, 꼭 기억하겠습니다.

여성들이 안전에 불안을 느끼고 차별과 경력단절 때문에 고심하지 않아도 되는 나라, 노력과 능력이 있으면 개천에서도 용이 나는 나라, 죽음을 무릅쓰고 노동하지 않아도 되는 나라, 지나친 경쟁 때문에 친구를 증오하지 않아도 되는 나라, 사교육비 때문에 부모님의 허리가 휘지 않고 공교육만으로도 필요한 역량을 충분히 키울 수 있는 그런 나라를 만들겠습니다.

배가 고파 계란을 훔치다 투옥되는 빈민, 세계 최고의 빈곤율에 시달리고 불안한 노후 때문에 고심하는 어르신들, 생활고와 빚더미로 세상을 버리는 일가족의 이야기.
이런 뉴스가 더는 나지 않게 하겠습니다.

불가능해 보이던 계곡불법시설을 완전히 정비한 것처럼, 실거주 주택은 더 보호하면서도 투기용 주택의 세금과 금융제한을 강화하겠습니다.
적정한 분양주택 공급, 그리고 충분한 기본주택 공급으로 우리 국민들께서 더 이상 집 문제로 고통받지 않게 하겠습니다.

전 세계적인 대전환의 위기를 경제재도약의 기회로 만드는 강력한 경제부흥정책을 즉시 시작하겠습니다.

획기적인 미래형 경제산업 전환으로 양질의 일자리를 늘리고 국가 재정력을 확충해서 보편복지국가의 토대를 만들겠습니다.

기본소득 도입으로 부족한 소비를 늘려서 경제를 살리고, 누구나 최소한의 경제적 풍요를 누리면서 하고 싶은 일을 할 수 있는 그런 사회를 만들겠습니다.

더 많은 문화예술체육 투자로 건강한 국민이 높은 수준의 문화예술을 만들고 즐기는 세계 속의 문화강국을 만들겠습니다.

충분한 사회안전망을 확보해서 해고가 두렵지 않고, 동일노동에는 동일임금이 보장되는 합리적인 노동환경을 만들겠습니다.

가난한 사람과 부자, 힘 센 사람과 약자, 중소기업과 대기업, 정규직과 비정규직, 도시와 농어촌, 수도권과 지방 같은 온갖 갈등의 영역에서 사회적대타협을 통해 균형과 상식을 회복하겠습니다.

경쟁이 끝나면 모두를 대표해야 하는 원리에 따라서 실력중
심의 차별 없는 인재등용으로 융성하는 새 나라를 만들겠습니
다.

우리 한반도는 해양과 대륙 세력의 충돌로 위기와 기회가
공존합니다.

강력한 자주국방력을 바탕으로 국익중심의 균형외교를 통
해서 평화공존과 공동번영의 새 길을 열겠습니다.

진영논리와 당리당략으로 상대의 실패와 차악 선택을 기다
리는 정쟁의 정치가 아니라 누가 잘하나 겨루는 경쟁정치의 장
을 열겠습니다.

국민께 드린 약속은 반드시 지키고, 할 일은 했던 것처럼 실
용적 민생 개혁에 집중해서 사회 곳곳에서 작더라도 국민의 삶
이 체감적으로 바뀌도록 하겠습니다.

국민을 가르치는 '지도자'가 아니라 주권자를 대리하는 일꾼
으로서 저 높은 곳이 아니라 국민 곁에 있겠습니다.

어려울 땐 언제나 맨 앞에서 상처와 책임을 감수하고 길을

이재명에게 보내는 정조의 편지

열겠습니다.

대한민국의 민주화, 외환위기 극복, 복지국가기틀 마련, 한반도 평화정착.

이런 역사적 성과를 만든 더불어민주당의 당원으로서 책상이 아닌 현장 속에서 더 겸손하게 국민의 목소리에 귀 기울이는 더 나은 국민정당을 만들겠습니다.

자랑스런 김대중, 노무현, 문재인 정부의 토대 위에서 필요한 것은 더하고, 부족한 것은 채우고, 잘못은 고쳐서 더 유능한 4기 민주당 정권, 더 새로운 이재명 정부로 국민 앞에 서겠습니다.

존경하는 국민여러분,

정치적 후광, 조직, 돈, 연고 아무것도 없는 저를 응원하시는 것은 성남시와 경기도를 이끌면서 만들어낸 작은 성과와 효능감 때문일 것입니다.

실적으로 증명된 저 이재명이 대한민국을 위해 준비된 역량을 발휘할 수 있는 기회를 주십시오.

새로운 대한민국, 더 나은 국민의 삶으로 반드시 보답드리겠습니다.

위기의 대한민국! 지금은 이재명!
새로운 대한민국! 이재명은 합니다!

감사합니다.

2020. 7. 1.

"나 오늘부터 이재명 지사 지지하기로 했어!"

위의 말은 2021년 7월 1일 아침에 아내가 한 말이었다.

아내는 대학 졸업 이후 직장에 다니다가 나와 결혼한 후에는 환경운동에 투신하였고, 지금도 환경운동가로 일하고 있다. 김대중 대통령과 노무현 대통령 그리고 문재인 대통령을 지지하였고, 그 많은 촛불집회에 거의 거르지 않고 참여한 사람이었다. 그렇지만 선거 때는 누구를 지지한다고 섣불리 이야기하지 않는 신중파였다.

그런 아내의 입에서 이재명을 지지하겠다는 말이 나온 것은 28년을 같이 산 나로서는 무척 충격적인 일이었다. 이재명 지사의 대통령 출마선언 영상을 처음부터 끝까지 보면서 이 사람이 반드시 되어야 한다는 생각을 했고, 그래서 내게 폭탄 발언을 한 것이다.

그날 나도 대통령선거 출마 선언을 보며 이 책을 쓰기로 결정했다.

이 책은 처음부터 나의 계획은 아니었다. 2월 초에 내가 평소 존경하는 선배 중 한 분이 '정조와 이재명'을 주제로 책을 써보면 어떻겠느냐고 권유했다. 술자리에서 나온 이야기이기도 했고, 이재명과 정조를 비교해서 책을 쓸 생각은 해본 적이 없었기 때문에 그냥 흘려들었다.

나는 원래 '정조와 노무현' 책을 기획했었다. 두 분의 스토리가 워낙 비교할 만해서 그에 관한 책을 쓰기로 했었다. 나는 박사학위 논문에서 정조가 한양과 수원 두 도시를 수도로 만들고자 하는 양경체제兩京體制에 대한 논지를 썼다. 정조가 1804년 아들인 순조에게 국왕의 지위를 물려주고 자신이 만든 개혁 친위도시인 수원에서 살며 개혁을 주도하고자 했다는 내용이었다. 한양은 주상의 수도이고, 수원은 상왕의 수도인 양경체제를 만들고자 했다는 것이 나의 논지였다.

이 내용이 당시 국회의원인 심재덕 의원과 국정과제담당 비서관인 염태영 비서관에 의해 세종시 건설의 역사적 기반에 적용되었다. 그러니 나의 박사논문이 노무현 대통령의 수도 이전에 약간의 영향을 준 셈이다. 당시 심재덕 의원이 내게 해준 말이었고, 나는 이 이야기를 세상에 드러내지 않았지만 오랫동안 자부심으로 간직해 왔다. 그래서 노무현 대통령에 더욱 깊은 애정을 갖게 되었고, '정조와 노무현'이란 책을 구체적으로 기획했었다. 그런데 어떤 분이 내용은 딴판이지만 그 제목으로 책을 내는 바람에 나의 계획은 물거품이 되었다.

그런데, 운명처럼 이 책을 출간하게 되었다. 그 연유는 아내의 생각도 영향을 주었지만 또 다른 인연 때문이었다. 그 인연은 운명과도 같았다.

석 달 전, 내가 존경하는 시인의 모친상이 경북 안동의료원에서 치러졌다. 시인의 동생은 나와 동년배로 친구처럼 지냈고, 시인은 나에게 지혜와 용기를 주었다. 당시 안동은 코로나 1단계 상황이었기 때문에 나는 안심하고 수원에서 안동으로 내려갔다. 조문을 마치고 올라오려다가 이재명 지사의 생가에 가보기로 했다.

그것 또한 인연 때문이었다.

올해 3월에 지역 케이블방송 기자로서 경기도청에 출입하는 후배에게서 불쑥 전화가 걸려 왔다. 자기 부친에게 물려받은 경북 안동시 예안면 도촌리 땅에 있는 다 쓰러져가는 집이 이재

명 지사의 할아버지가 살던 집이라는 것이었다. 이곳의 윗마을
에 저수지가 생기면서 도로 정비를 해야 해서 철거를 해야 한
다고 하는데, 어떻게 하는 것이 좋을지 상의하려고 전화했다는
것이었다.

후배의 이야기를 들어보니, 이재명 지사 할아버지가 살던 곳
이 확실했다. 보내온 사진을 보니 완전히 쓰러지기 직전이었다.
나는 그 집을 무조건 보전해야 한다고 권유했다. 그 집이 사라
지면 이재명 지사의 기운이 사라질지 모르니 집주인인 네가 어
떻게 하든 보존을 해야 한다고 했다. 그 후배는 나의 말을 듣고
집을 보존하기로 했다.

안동에 내려갔다가 그때의 일도 생각나고 해서 이재명 지사
의 생가 터를 확인해보기로 했다. 후배와 둘이서 안동 시내에
서 한 시간이나 가야 하는 도촌리로 향했다. 도촌리로 들어가
기 전에 이미 분교로 변한 이재명 지사가 다닌 초등학교도 들
러보고 마을로 향했다.

첩첩산중이었다. 정말 말도 못할 정도로 깊은 산골짜기였다.
그냥 말로 해서는 실감할 수 없는 진짜 산골 중의 산골이었다.
이런 깊은 산골에서 이재명 지사가 초등학교를 다닌 것이다.

다행히 이재명 지사와 어린 시절 같이 자란 마을 분들도 만
났다. 그리고 그가 살던 세 곳의 집터도 확인하고 어린 시절의

이야기도 들었다.

나는 정말 놀랐다. 너무 가난해서 중학교도 가지 못하고 검정고시를 본 것은 알고 있었지만 이런 깊은 산골에서 가난을 업고 살았던 것까지는 알지 못했다.

청량산 줄기의 외딴 마을에서 살던 어린 이재명을 생각했다. 내가 이런 곳에서 자랐다면 희망을 포기하지 않고 나라의 지도자가 될 인물로 성장할 수 있었을까, 라는 생각도 했다.

이재명 지사가 태어난 곳은 저수지가 들어서게 될 맨 꼭대기 마을이었다. 더 이상 집이 없는 산속의 마지막 집터였다. 그 집 앞에 200년이 넘은 옹골찬 소나무가 한 그루 서 있었다.

그때 나는 이 소나무의 기운이 이재명에게 들어갔구나 하는 생각이 들었다. 청량산의 기운과 저 소나무의 기운이 어린 이재명에게 들어가 훗날 온갖 어려움에도 버틸 수 있는 힘을 주었구나 하는 생각이 들었다.

다음 일정 때문에 그곳에서 그리 오래 있을 수는 없어 발길을 돌려 수원으로 올라오기로 했다. 청량산을 돌아 봉화로 가는 길이 빠를 것 같아 안동 시내로 가지 않고 그가 다닌 초등학교 앞에서 봉화로 이어지는 길을 타기로 했다. 그리고 거기서 더욱 의미심장한 안내판을 보았다.

'고려 공민왕 산신 사당'

나무로 만들어진 작은 안내판이었다. 나는 이 안내판을 보고 충격을 받았다. 공민왕이 홍건적의 침입 때문에 안동으로 내려왔던 것을 알고 있던 내게 이 안내판은 놀라움 그 자체였다.

공민왕이 누구인가? 원나라에 대항해서 자주국가 고려를 만들고자 했고, 기득권 세력인 친원 세력을 모두 혁파하고자 하였고, 귀족들이 차지한 백성들의 땅을 돌려주기 위해 전민변정도감을 만들어 개혁을 시도했던 군주가 아닌가?

그의 개혁은 비록 실패로 돌아갔지만, 공민왕의 혁명과도 같았던 개혁의 의지는 백성들에게 전파되었고, 역사 속으로 이어졌다.

그런 그의 사당이 바로 이곳에 있다니!

이재명이 이 마을에서 태어난 것은 운명이구나 하는 생각이 들었다.

안동 사람들은 공민왕의 혼이 청량산의 산신이 되어 이곳을 지키고 있다고 생각한다. 그가 이루지 못한 개혁의 꿈을 누군가가 다시 이어받아 새로운 나라를 만들 것이라는 꿈을 꾸고 있다. 안동과 예안 사람들이 퇴계 이황의 후예들이기에 성리학의 기풍이 강하게 내려오는 것과 별도로 공민왕의 자주화와 백성

이재명에게 보내는 정조의 편지

들을 위한 혁명의 꿈을 그들은 아직도 잊지 않고 있었다.

그런데 공민왕 산신 사당이 바로 이재명 지사의 마을과 이어진 청량산 산중에 있다니! 만약 내가 이 길을 타지 않고 그냥 안동 시내로 갔다면 나는 영원히 공민왕 사당을 보지 못했을 것이다.

그 순간 나는 공민왕과 더불어 정조를 떠올렸다.

비운의 군주 정조!

또 다른 비운의 군주 공민왕과 누구보다 어렵고 고통스러운 삶을 살았던 이재명이 동시에 나의 뇌리에 떠올랐다. 그리고는 2월에 있었던 선배의 이야기가 다시 떠올랐다. 이 책을 내가 써야 하는 운명인가 하고!

사실 나는 이재명 지사에게 호감이 많았지만 열렬히 좋아하지는 않았다.

지난 대선 전에 이재명 성남시장이 내가 재직하고 있는 한신대학교 사회학과 교수들의 초청을 받아 특강을 하러 왔었다. 학연으로는 중앙대학교 선배라는 인연도 있고 해서 나는 그의 강의를 들어보고자 했다.

30분 전에 미리 강의 장소에 갔는데, 그는 벌써 도착해 있었다. 중앙대학교 86학번이라고 나의 소개를 하고는 잠시 이런 저런 이야기를 나누었다. 그리고 강의를 듣기 위해 온 다른 교수들과 학생들의 인사를 받느라 나와의 인사는 짧게 마무리했다.

나는 그날 강의를 들으며 조금 더 진중하고 무게 있는 지도자가 되면 좋겠다고 생각했다. 나는 그때 박원순 서울시장과 문재인 후보에게 마음을 주고 있어 동문 선배이지만 이재명 지사와 깊은 인연을 맺지 않았다.

그러다가 어느 날부터인가 이재명 지사가 향후 대통령이 되어 강력한 개혁을 추진하면 좋겠다는 생각이 들었다. 보다 강력한 개혁이 필요한데, 청와대와 더불어민주당이 개혁의 열망을 원하는 국민들의 마음을 채워주지 못한다고 느끼기 시작한 것이다. 그리고는 이재명 지사가 대통령에 당선되려면 어떤 도움을 줄 수 있을까 하는 생각을 했다.

나는 올해 3월부터 종편인 MBN의 정치패널로 고정 출연하고 있다. 또 학교 수업도 해야 하고, 나의 개인 사정도 있고 해서 그 고민은 고민으로만 그쳤다. 그래서 선배의 책을 쓰라는 권유를 잠시 잊고 있었다. 그러다가 대선 출마선언을 듣고 이재명 지사가 태어나고 자란 산골짜기를 다녀온 후에는 마음을 굳혔다.

나는 작년에 《리더라면 정조처럼》이라는 책을 출간했다. 이 책은 문재인 대통령께서 《홍범도 장군 평전》과 함께 국민들에게 일독을 권유하는 4권의 책 중 한 권에 선정되었다. 이 책은 대기업의 리더들도 읽고 진보 진영의 국민들도 읽고 보수 진영의 많은 분들도 읽었다. 작년 한 해 국민들이 가장 많이 읽은 책 중의 하나가 되었다.

그 책을 통해 약간의 지명도를 얻게 되었다. 더불어 정조의 리더십에 대해 대한민국 상당수의 국민들이 공감하게 되었다.

나는 정조를 통해 이재명을 보게 되었고, 이재명을 통해 정조를 다시 보게 되었다. 정조가 가졌던 개혁을 꿈을 이재명이 다시 현실에서 실현하기를 바라고, 이재명의 완성되지 않은 개혁 정책들이 정조의 개혁 정책을 통해 완숙되기를 희망하고 있다.

이재명과 정조는 극과 극의 신분이다. 하지만 두 사람은 국가 지도자로서의 공통점이 있다. 더불어 다같이 개혁이라는 열망을 가지고 있다. 나는 이재명의 개혁 의지가 정조의 개혁으로부터 출발했다고 해도 과언이 아니라고 생각했다. 이재명과 평생을 동지로 살아온 지인들의 이야기를 들어보면 이재명 지사가 존경하는 역사 인물이 정조라고 한다.

이제 저자의 말을 마무리하고자 한다.

나는 이재명이 정조와 같은 개혁의 리더로서 반드시 성공한 개혁가가 되기를 희망한다. 동시에 정조의 한계를 극복하기를

바란다. 그래서 남북이 화해하고 강대국의 눈치를 보지 않는 자
주국가가 되기를 희망한다. 지역갈등이 사라지고 학력 차별과
경제적 차별로 고통 받지 않는 나라가 되기를 희망한다. 그 희
망을 간절히 바리며 이 책을 기획하고 집필하였다.

이재명이 대통령이 될 수도 있고 그렇지 않을 수도 있다.

그러나 정조의 개혁정신과 이재명의 개혁정신을 알고 이를
실현하는 것은 우리 시대의 과제이다.

반드시 좋은 결과가 있기를 희망하며 이 글을 마무리한다.

2021년 8월, 광교산 자락에서

김 준 혁